Anja-Maria Stampfli
Udo Jürgens hautnah

Anja-Maria Stampfli

Udo Jürgens hautnah

Erinnerungen

Re Di Roma-Verlag

Bibliografische Information der Deutschen
Nationalbibliothek:
Die Deutsche Nationalbibliothek verzeichnet
diese Publikation in der Deutschen
Nationalbibliografie; detaillierte
bibliografische Daten sind im Internet über
http://dnb.ddb.de abrufbar.

ISBN 978-3-86870-783-0

Copyright (2015) Re Di Roma-Verlag

Umschlagillustration: Anja-Maria Stampfli

www.rediroma-verlag.de

11,95 Euro (D)

Wenn nur eine erste Liebe recht glühend da war:

So schadet ihr Untergang,
ihr Töten mit Wasser nichts;

ewig ragen die Türme
der überfluteten Stadt empor.

Aber es gibt Menschen,
die keine erste Liebe hatten.

Jean Paul, deutscher Dichter
1763–1825

Kursaal Bern (Schweiz), im März 1990

Ganz alleine sitze ich da. Auf einem alten Holz-stuhl, an einem noch viel älteren Holztisch. Ich bin 19 Jahre alt, Gymnasiastin. Immer in bunten Turnschuhen und stets zu kurzen Jeans. Mein Berufsziel: Journalistin. Dann kommt er und sagt: «My fair Lady! Du hast zu viel red lipstick auf deinen Lippen.»

I

Eines dieser grünen Ungetüme summt und rappelt durch die im Frühling wohl stets zu eng gewordenen Gleise über die Kornhaus-brücke in Bern. Und ich sehe auf ein Plakat, das wie von Geisterhand am Berner Trämli an mir vorbeigezogen wird: «Live-Konzert», steht da in dicken, fetten, weissen Buchstaben. Seinen Namen haben sie grösser gesetzt, das «Live-Konzert» kleiner. Dann folgt ein dicker roter Balken am unteren Rand des Plakates, der schon auf die grüne Wand der Strassen-bahn reicht: «Ausverkauft». Es scheint wieder Tournee-Zeit zu sein. Alle, die auch nur ein Mikrofon halten oder sich sonst einigermas-sen elegant auf den Beinen halten können und eine CD besungen haben, halten es nun wieder für nötig, durchs Land zu tingeln, um sich auch live zur Schau zu stellen. Udo Jürgens. Das ist doch dieser sagenumwobene Schlagerkönig, der angeblich nur mit seinem Klavier schon ganze Berge versetzen kann. Der ewig junge Traumtänzer der Hitparaden. Das ist doch der Mann, von dem meine Mutter ganze Stösse von uralten Platten hat, die sich nur noch auf ihrem alten Grammofon drehen lassen. Und von dem sogar mein Vater sagt: «Der kann wenigstens noch Klavier spielen und singen.»

Warum nicht: Udo Jürgens in unserer kleinen Stadt. Und auch noch ausverkauft. Das Tram schleppt das dicke Plakat rumpelnd über die Strasse. Na ja, er sieht zumindest auf dem Plakat recht verführerisch aus, wie er locker die weisse Maske in seiner Hand hält. Sein Blick nachdenklich, fast melancholisch. Surreal das unbewegliche Bild, das vom Berner Trämli gezogen wird. Das Gesicht wird Korn um Korn wie in einer geduldigen Sanduhr an mir vorbeigezogen, hat sicher schon Kirchen, Statuen, Alleen und Boutiquen, Polizisten, Kinder, Rentner und Rollstuhlfahrer gesehen. Doch das Bild verändert sich nicht. Es klebt wie ein unwirkliche Botschaft, wie eine Flaschenpost an der Strassenbahn.

«Warum nur, warum». Das war ein Lied dieses Jürgens, das mein Vater damals von seiner geliebten Schlagerparade aufgenommen hat und bei jedem Familienausflug im Autoradio anspielte. Immer wieder musste ich mir die gesungenen, gespielten, gesummten und intonierten Lebensweisheiten in Dur und Moll von diesem Jürgens anhören. Mein Vater war ein sogenannter Endloshörer: Er drehte die Kassette bereits bei der Hinfahrt zum Picknickplatz zweimal um, damit kein einziger Ton seiner Schlagerparade weniger als einmal unser Ohr belästigen kann. Jahrelang hörte ich diesen Udo Jürgens mit seinen musikalischen Fussnoten, immer ging es dabei um grosse Lieben, grosse Leiden, ferne Länder, eine Hoffnung, die sich am Ende als banal herausstellte.

Jetzt muss dieser Jürgens es büssen: Er wird mein erster grosser Interviewpartner. Wenn es schon mit Gedichten nichts wird, dann mit Interviews. Schliesslich wollte ich schon als kleines Mädchen Journalistin werden. Natürlich las ich Rilke, Rainer Maria Rilke. Ich verstand ihn nicht, aber ich ahnte seine Worte. Und das ist wohl genau das, was Poesie unsterblich macht: Ahnen von Worten. Ich schrieb und schrieb. In Hefte, auf Papierfetzen, auf Klopapier. Egal. Ich schrieb.

Also Udo Jürgens, dieser Jürgens, der Begleiter meiner Kindheitsausflüge, der wird mein erster richtiger Interviewpartner. Dieser Musiker, das ist genau der Typ Mann, auf den die Redaktionen stehen. Und wenn dann noch eine junge Journalistin, mehr als zwei Generationen jünger als er, ihn in die Zange nimmt, dann drucken die älteren Herren in den Redaktionen dies umso lieber. Aber sicher! Obwohl erst 19 Jahre, hab ich die Mechanismen intus. Wann immer ich mal eines der grossen deutschen Intelligenzblätter in die Hand bekomme und dort etwas über einen bekannten Künstler lese, dann stammt dies meist aus der Feder einer jungen, kritischen Journalistin. Ist doch so.

Mit 16 brachte mich ein Freund meines Vaters zu unserem winzigen Lokalblättchen. Das wurde von einem alten Mann im Ein-Mann-Betrieb hergestellt. Der war angewiesen auf die vielen Schriftführer, Kassenwarte und Vogelzüchter der Region, die liebend gerne ihre Artikel gedruckt lasen. Ich besuchte an Wochenenden farbenfrohe Flohmärkte, Schützenvereine, Velo-Clubs und schrieb flotte, launige 60 Zeilen darüber. Sonntags übte der örtliche Feuerwehrchor. Ich notierte als neugierige Zuhörerin, dass diesem Chor die Zukunft gehöre. Natürlich war ich auch bei der Eröffnung des frisch gestrichenen örtlichen Filmtheaters, das mit einer James-Bond-

Trilogie vergebens ums Überleben kämpfte, wie ich kurz später meinen Leserinnen und Lesern wortreich und unter Verwechslung von Sean Connery und Roger Moore als Geheimagent «007» mitteilte.

Ab und zu nahm sogar mein Deutschlehrer einen Beitrag aus meiner Feder. Na ja, es war ein kleiner Apple-Computer, den ich von meinen Eltern Weihnachten vor zwei Jahren bekommen habe. Dieser seltsame Mann war nicht nur besessen von Hermann Hesse und dem Tessin. Er war auch nebenberuflich Mitarbeiter einer überregionalen Jugendzeitschrift, der «Schweizer Jugend». Die hatte es sich zur Aufgabe gemacht, jenseits von «Bravo», «Pop» und «Rocky» meiner Generation edlere Werte als Schmuddel-Look, Piercing, Sex, Drugs & Rock 'n' Roll zu vermitteln. Immer wieder sagte mir mein Deutschlehrer: «Anja! Also wenn du mal einen wirklich Grossen interviewen kannst, dann mach das. Hab keine Scheu. Hemmungen hast du ja gottlob vor diesen grossen Tieren keine. Hast ja schon die aus unserer Region kennengelernt. Also, Anja, wenn du mal so einen wirklich Grossen festnageln kannst, dann vergiss nicht: Das ist deine Chance. Ich drucke das in ganzer Länge ab, das, was du mir dann bringst.»

Doch was weiss ich schon von diesem Grandseigneur des deutschen Chansons, diesem Mythos Udo Jürgens? Ist er nicht der Mann, der als Ausländer sogar mal der berühmteste Deutsche war, vor allen Kanzlern und Präsidenten? Und geht dieser Jürgens nicht mit seinen Evergreens alle zwei Jahre auf Tour durch alle deutschsprachigen Länder und garantiert volle Häuser und Stadthallen? Ich wusste, um ehrlich zu sein – nichts. Ausser einigen Anfängen seiner Lieder fiel mir nichts Aufregendes zu ihm ein. Ausser eben Liedzeilen wie «Warum nur, warum». Nun gut. Ich weiss natürlich, dass er in fast jeder grossen Samstagabend-Show auf irgendeinem TV-Sofa sass und wundervoll, aber weltbewegend-nichtssagende Liebenswürdigkeiten von sich gab. Ich wusste nicht mal, wie alt er war. Ich wusste aus Klatschheftchen, dass er in der Schweiz lebt. Wie um alles in der Welt bekomme ich meinen ersten Knüller? Wie überzeuge ich Redaktoren, die in schlecht gelüfteten Grossraumbüros an kleinen Tischen sitzen und die ganze Welt in ihre schmutzige Tastatur hacken? Wie komme ich an diesen Star ran? Jung, ehrgeizig, besessen und naturblond, das reicht für ein anspruchsvolles Interview sicher nicht. Ich setze mich auf meinen IKEA-

Bürostuhl, suche mir die Telefonnummer des Jürgens-Managements im Telefonbuch. Ohne zu Zögern, ohne Vorbereitung wähle ich die Nummer. Es klingelt. Einmal. Zweimal. Dreimal.

«Jürgens-Management, Guten Tag, was kann ich für Sie tun?»

Ich verschlucke mich und sage hörbar verlegen: «Hier ist Anja. Ich bin Journalistin für die ‹Schweizer Jugend› und möchte gerne zwei Pressetickets für das Konzert von Herrn Jürgens in unserer Stadt. Also in Bern.»

«Wer sind Sie?»

Ich wiederhole, diesmal in Stakkato: «Anja, Jugendzeitschrift ‹Schweizer Jugend›, zur Vorbereitung eines Berichtes über Herrn Jürgens zwei Pressekarten.»

«Bleiben Sie in der Leitung, ich verbinde mit dem Pressesekretär.»

Während ich warte, ertönt aus dem Hörer der neueste Hit von Udo Jürgens, etwas über die Beziehung von Vätern zu ihren Söhnen. Gerade, als Jürgens nach dem Refrain zur zweiten Strophe ansetzt, meldet sich ein Mann: «Jürgens-Management.»

Ich wiederhole mein Anliegen, was den Mann anscheinend wenig interessiert: «Ja, ja, ist schon gut. Ein Artikel mehr oder weniger über Herrn Jürgens kann nie schaden. Das kann ich Ihnen ja nicht verbieten. Es gibt ja nichts, was noch nicht über ihn geschrieben wurde.»

«Aber ich möchte doch nur ...»

Schon unterbricht mich der Herr mit geschäftiger Stimme: «Sie wollen ein Interview?»

«Ja. Genau. Ein Interview», konterte ich schnell.

«Und ihre Zielgruppe?»

«Meine was?»

«Ihre Zielgruppe?»

«Ich bin eine junge Journalistin, die für eine junge Zeitschrift arbeitet ...»

«Sie decken das Jugend-Segment ab? Ihre Zeitschrift wendet sich an Jugendliche? An Menschen unter 29 Jahren?»

«Ja, ja, sicher. Ich bin doch auch noch jung.»

«Gut, gut.» Ich höre, wie der Mann am anderen Ende an seinem Computer fingert. «Ja, wir sind ja bald in Ihrer Stadt. Und pressetechnisch ist dort nicht allzu viel gelaufen, wie ich sehe. Ein Interview also?»

«Ja. Ein Interview», keuche ich.

«Mal überlegen.» Es rauscht kurz in der Leitung, als der Pressesprecher in den Hörer niest. «Entschuldigung, aber die meisten deutschen Hallen, in denen Herr Jürgens aufgetreten ist, sind grausam zugig und kalt.

13

Also gut. Mal sehen. Sie wissen aber, dass in der Halle gestuhlt ist und Sie einen Tisch haben?»

«Ach, ja ...»

«Ja. Herr Jürgens ist ein Künstler, der sein Publikum jeden Abend neu gewinnen will.»

«Ach, so ist das ...»

«Wie viele Spalten?»

«Wie bitte?» Ich weiss weder ein noch aus, sage ganz einfach eine Zahl: «Sieben.»

«Sieben Spalten? Das sind im normalen Zeitungsformat rund 180 Zeilen. Okay, darüber können wir reden.»

«Sie können sich auf mich voll und ganz verlassen», schwöre ich in den Hörer.

«Nun gut. Ich lasse Ihnen heute noch zwei Tickets per Eilboten zuschicken, damit Sie die Karten noch vor dem Konzert haben. Bitte geben Sie mir Ihre Adresse durch.»

Das war's. Der erste Schritt war gemacht. Natürlich hatte ich Angst. Und wie. Warum auch nicht? Ich, das kleine Mädchen aus der Provinz. Mit den stets leicht zu kurzen Jeans, den ewigen Turnschuhen und den grossen Träumen. Ich habe den Schritt gewagt. Meinen ersten grossen Schritt in die grosse Welt der Fragen und Antworten, der Männer, der Mächtigen, der Musik. Ich, Anja. 19 Jahre jung. Ich werde nicht mit meinen verwaschenen Levis-Jeans an den gedeckten Tisch im Konzert gehen. Ich werde mir meine Beine rasieren wie beim Schulfest im letzten Jahr. Ich werde meinen rosafarbenen Minirock anziehen. Ich war irgendwie drin in diesem Jürgens-Konzert. Und auch das Interview sollte sich arrangieren lassen, wie der Pressesekretär am Ende unseres Gespräches murmelte. Mit dem eher befehlenden Hinweis:

«Aber keine privaten Fragen, also nichts mit seinem Privatleben, seinen Frauen, seinen Kindern und all dem Zeug, das uns allen zum Hals raushängt. Geht es um das Privatleben von Herrn Jürgens, bricht er das Interview sofort ab, verstanden?»

«Verstanden.»

II

Doch warum bestellte ich zwei Karten? Ganz einfach: Meine Freundin Lea musste mit. Ihr habe ich von meinem Plan erzählt, ein Interview mit dem grossen Star zu machen. Damit sie auch wirklich zum Interview und zum Konzert mitkommt, habe ich ihr sogar versprochen, sie zweimal mit meinem alten Golf zu ihrem Freund zu fahren, der im Wallis wohnt. Denn Lea findet die Musik dieses Jürgens schlicht «unterirdisch, ja grauenhaft». Aber wer ein Jahr nebeneinander in der Schule sitzt, der erträgt der besten Freundin zuliebe auch ein Konzert mit Tischen und Stühlen. Und den Artikel werde ich schon irgendwie unterbringen. Bei meinem Deutschlehrer, dem Redaktor des seriösen Jugendblattes. Der nimmt das sicher.

Was für eine Menschenmenge vor dem Berner Kursaal. Sie alle wollen zu Udo Jürgens ins Konzert. Wollen sich von ihm zwei Stunden lang in seine Liederwelt entführen lassen. Ich zupfe immer wieder nervös meinen Minirock zurecht. Trotzig streiche ich mir meine Lippen nach – knallrot. Was für Menschen gehen in ein Udo-Jürgens-Konzert? Der eine trägt seinen Sonntagsanzug, eine bunt karierte Krawatte aus den 50er Jahren, die andere ihr schwarzes Partykleidchen mit Spaghettiträgern, aus dem sie längst herausgewachsen ist. Einige Herren haben sich sogar mit einer Fliege geschmückt, als würden sie heute eine Oper besuchen. Und fast alle Damen haben tief in ihre Schmink- und Puderdosen gegriffen, um wenigstens mit Puder und Farbe einen Anflug von Jugendlichkeit vorzutäuschen. Ich zeige stolz die beiden Pressekarten, zerre Lea hinter mir her durch die Kartenkontrolle.

Im Eingang herrscht hektisches Treiben. Einige feuern sich an der improvisierten Champagnerbar mit einem neckischen Poster als Wandschmuck an. Andere kramen sich durch CDs und Bücher. Zücken ihre Portemonnaies, um sich mit Jürgens-Utensilien einzudecken. Und über allem schwebt als Klangteppich der Klaviersound seines Liedguts. Eine ältere Dame mit einem niedlichen weissen Hütchen und der Aufschrift «Ordnerin» führt uns durch Reihen ungedeckter Tische ganz nach vorne, an den mit einem weissen Papiertuch überzogenen Tisch mit unseren beiden nummerierten Stühlen. Sofort erscheint ein mürrischer Kellner, dem ich in purer Ahnungslosigkeit «Wein» zuflüstere, ergriffen von diesem inszenierten Schauspiel mit Tausend von zahlenden Statisten und einem Mann, der irgendwann gegen 20 Uhr dort oben auf der von Laserlicht durchfluteten Bühne auftauchen wird. Hier steht niemand wie bei einem Rockkonzert. Hier grölt niemand Namen von Bandmitgliedern. Hier kreischen keine Fans bereits Stunden vorher sich die Kehle heiss, indem sie immer nur den einen Namen ihres Idols plärren. Hier sind auch keine Spruchbänder zu sehen, die angereiste Fangruppen ihrem Idol in der Ferne der Bühne widmen. Hier geht alles gesittet zu. Gesittet, ja, das ist wohl der richtige Ausdruck für eine Veranstaltungsform, die zwischen Pop und Klassik ihren eigenen Weg gefunden hat.

Der Wein kommt. Eine Flasche vom nahen Neuenburgersee. Nichts Besonderes. Aber es wird sofort kassiert. Ein Wahnsinnspreis für zwei Schülerinnen, die von Liebe, Luft und Taschengeld leben. Lea und ich nippen nicht, wir genehmigen uns einen ordentlichen Schluck. Schon tauchen zwei ältere Damen auf, betrachten uns abweisend, strecken uns kühl ihre Karten entgegen: Aha, gleiche Tischnummer. Wir sitzen wirklich gut. Der Pressesekretär hat ganze Arbeit geleistet. Ich sehe nicht nur die Bühne direkt vor mir, ich habe auch einen guten Überblick über die sich immer mehr füllende Weite des Saales. Und ich lausche den beiden Damen an unserem Tisch, während Lea meint: «Langsam könnte das Spektakel hier aber echt losgehen. Es wird ja ätzend langweilig auf Dauer mit all diesen bemalten Gruftis um einen rum.» Doch als die etwa 50-jährige Dame, die links neben mir sitzt, unüberhörbar von ihrer Liaison mit dem Künstler erzählt, was für «ein feiner Mensch der doch in Wirklichkeit ist», und überhaupt: «Der ist so ganz anders, als die immer in den Zeitungen schreiben», da nehme ich nichts mehr von Leas verbalen Blähungen wahr.

«Ach ja, bevor ich es vergesse», plustert sich die Frau nochmals auf. «Nach dem Konzert hier hat uns Udo noch zu einem seiner wunderbaren Abendessen eingeladen. Da sind wir dann ganz ungestört mit ihm, diesem wirklich so wunderbaren Mann», sagt sie lüstern und zieht sich, kurz bevor es im Saal dunkel wird, noch einmal vor ihrem leicht fettigen Dior-Spiegelchen die Lippen dick und voll nach.

Trommelwirbel. Es wird stockdunkel. Gespräche verstummen. Es ist still. Hier ein letztes Räuspern, dort ein letzter Versuch, sich lautlos die Nase zu putzen. Ein paar vereinzelte Huster. Plötzlich ein gleissender Lichtkegel: Ein Mann hinter einer weissen Maske steht auf der Bühne, in einem schwarzen

Smoking. «Der Traumtänzer», flüstert meine Nachbarin ergriffen. Und schon fängt ihr Traumtänzer an zu singen. Er springt leichtfüssig in die Luft. Er tänzelt. Er singt. Er zelebriert. Er fasziniert mich. Der Bühnenvorhang öffnet sich. Die Band erscheint. Der Leuchtkegel erweitert sich zu einer Lichtsalve, schiesst über das Schlagzeug, die Bläser, die Gitarristen, den Mann am Keyboard und den Bandleader, der kurz seinen Daumen in die Höhe reckt, und schon verschmilzt die Band zu einem lautstarken Ganzen, dem sich nichts und niemand mehr in den Weg stellen kann.

Der einsame Tänzer setzt sich hinter einen Flügel und beginnt zu spielen, zu singen, seine Stimme wie seine Finger über die Tasten der Musik tanzen zu lassen. Er ist schön in diesem zögernden Licht. Er sieht selbstsicher aus, dennoch ein bisschen kindlich. Er ist wohl sehr glücklich, wie er zwischen Flügel und Bühnenrand hin und her stolziert. Es ist überhaupt eine schöne Gesellschaft dort oben auf der Bühne. Die kleine, feine Dame, die plötzlich mit ihrer Harfe dem Sänger leise wissend zulächelt. Der junge Geiger, der ihn fragend ansieht – man kann sein Herz am Hals klopfen sehen. Die ersten Töne, die die Dame sanft ihrer Harfe entlockt, scheinen dem Star selbst Tränen in die Augen zu treiben. Seine Musik wird immer zärtlicher, immer sehnsüchtiger, immer auswegloser. Und ich erlebe das, fühle es mit. Von Zeit zu Zeit greife ich nach dem Glas, das vor mir auf dem Tisch steht. Plötzlich ist auch in meinem Wein seine Musik. Ob er eine Pause machte? Ich weiss es nicht mehr. Ist auch egal. Ob er Zugaben spielte? Ja, doch. Ich erinnere mich: Wie er verschwindet und dann in einem weissen Bademantel wieder auftaucht und mutterseelenallein am Flügel sitzt und spielt, spielt, spielt.

Nichts von alledem bewegt Lea. Nichts. Sie süffelt am Weisswein, bohrt sich bei herzzerreissenden Balladen lange und hingebungsvoll in der Nase, drückt sich bei amüsantverdorbenen Texten einen nicht vorhandenen Pickel aus der rechten Armbeuge und langweilt sich sichtlich: «So ein erbärmlicher Kitsch», zischt sie mich an. «So ein unglaublich verlogenes Gesülze.» Doch ich, ich bin entführt. Entführt von diesem Jürgens, in eine, meine andere Welt. Seine Stimme ist es, die mich aus der Bahn wirft und mich – es muss wohl in der Pause gewesen sein – verwirrt an einen Zigarettenautomaten lockt, um mir meine erste Packung Muratti Extra zu ziehen. Das erste Mal halte ich eine Zigarette in meinen Fingern. Ob ich inhaliere, ist mir nicht klar. Hauptsache, ich rauche.

Ende der Vorstellung. Ich sehe, wie er verschwitzt und ausgelaugt die Bühne verlässt, von einem Helfer ein weisses Badetuch über den Kopf gezogen bekommt, damit er sich nicht im Kursaal erkältet. Dann verschwinden die beiden umschlungen in der Dunkelheit der Bühnenrampe. Erwacht aus zwei – oder waren es drei? – Stunden Traum, wittere ich: Das ist jetzt deine Chance, Anja! Lea zeigt auf ihr volles Glas Weinwein.

«Nichts da, wir haben keine Zeit mehr!» Ich zerre die missmutige Lea zum linken Bühnenrand. Dort, wo Jürgens im Keller der Halle verschwunden ist.

«Kein Durchgang!», raunzt ein in schwarzes Leder gekleideter Bodybuilder.

«Aber wir haben ...»

«Ihr habt hier gar nichts, aber auch überhaupt gar nichts zu suchen. Hier kommt ihr nur mit einem Backstage-Pass rein.»

Backstage-Pass? Was ist denn das?

«Komm Anja, lass es bleiben, hat doch eh keinen Sinn.» Lea ist müde, ich sehe es ihr an.

«Entschuldigen Sie, der Herr, aber wir haben ein Interview mit dem Sänger, und zwar jetzt», versuche ich es nochmals mit dem Sicherheitsmann.

Er mustert mich von oben bis unten, bleibt lange an meinen Beinen unterm kurzen Rock hängen, lächelt mich verschmitzt an und meint augenzwinkernd: «Ein Interview mit Jürgens? Na, das kann ich mir gut vorstellen, wie das aussieht.» Er blickt mir unverschämt direkt auf meine Beine. «Ein Interview? Na dann, dann ist doch alles klar, Mädchen!»

Blödmann. Was denkt sich der denn? Sehen wir etwa aus wie zwei dumme Tussis? Wie zwei Groupies? Wie die wunderbar elegante regionale Schönheitskönigin, die ich in einem Gespräch kürzlich für unser Regionalblatt befragte und die mir beteuerte, nur ihrem Freund treu zu sein, «aber wenn Jon Bon Jovi in der Stadt wäre, den würde ich nicht von der Bettkante stossen». Klar, ich kenne die Geschichten mit den Groupies aus Zeitungen. War nicht Jerry Hall, das Top-Model aus Texas, erst die Geliebte von David Bowie, bevor sie sich Mick Jagger, den Oberguru der Rolling Stones, unter den Nagel riss? Und überhaupt: Welche Freundin eines Rockstars war denn vorher nicht Fan oder Groupie? Verdammt nochmal: Ich bin weder Fan noch sonst was von diesem Jürgens. Ich bin ganz einfach eine Jugendzeitschrift-Mitarbeiterin und will von ihm mein Interview haben.

Ich stehe schwankend auf der hölzernen

Treppe in Richtung Garderobe. Da deutet Lea schweigend auf zwei nackte Füsse hin, die plötzlich vor uns stehen: Die Füsse von Udo Jürgens. Wir lächeln, tapsen hinter dem Star her, der nichts von uns ahnt. Wir folgen ihm in die Garderobe. Und werden dort von einem Mann mit kreisrunder Brille abgefangen, der uns höflich fragt, ob wir die Damen von der Jugendzeitschrift seien:

«Warten Sie, in ein paar Minuten hat er sicher für Sie Zeit», erklärt er. Wir hören einen Wasserstrahl hinter einer kleinen Glastür: «Herr Jürgens duscht, bevor er bereit ist, die Presse zu empfangen.» Schon führt uns der Mann in das private Garderobengemach. Rund um uns nur Spiegel, dazu silberfarbene Spotlämpchen, ein alter, fast zerbrechlicher Holzstuhl steht inmitten des sonst ärmlich-leeren Raumes. Jürgens lässt nicht lange auf sich warten. Barfuss in Jeans und weissem Hemd bekleidet, begrüsst er uns charmant. Er fasst sich in das noch nasse Haar, streift es hinter seine grossen Ohren.

«Hallo», piepse ich leise, «ich heisse Anja», während Lea, mit offenem Mund staunend, vor Nervosität von einem Fuss auf den anderen pendelt. Er lässt sich auf den alten Stuhl fallen, schlägt seine Beine übereinander, ruft nach zwei weiteren Stühlen für die «Damen von der Presse». Ich sehe seine nackten, braunen Füsse: «Nimmt das Mikro auch auf?», fragt er mich fachkundig, streckt seinen dunkel beharrten Arm nach vorne, lässt dabei eine sicher sündhaft teure Uhr aufblitzen. Ich stottere: «Ja, ja. Ich habe das Gerät gerade erst noch getestet. Das Ding geht also. Da bin ich mir sicher. Ja, da bin ich mir fast ganz sicher.»

«Nun, dann wollen wir das mal schnell hinter uns bringen», sagt er mit seiner sonoren Stimme und trinkt Mineralwasser aus der Flasche. Er rülpst leicht, hält sich die Hand vor den Mund und sagt: «So ein Konzertabend macht mich halt immer verdammt durstig.»

Ich knipse nochmals den On-Schalter des kleinen Sony-Gerätes an, rücke mich in eine korrekte Frage-Position. Im Zimmer steht die abgestandene Luft, die nach Abschied riecht. Das Konzert ist zu Ende. Vor der Tür hört man lachende, müde Menschen erleichtert scherzen. Einige schwere Gegenstände poltern durch den Gang. Wahrscheinlich sind das die Musiker, die ihre Instrumente verpackt in grossen, geschützten Koffern wegschleppen, um morgen Abend in einer anderen Stadt erneut um 20 Uhr das zu spielen, was sie vorher bereits über 50 Mal in zugigen

Hallen, muffigen Sälen, verstaubten Theatern, seelenlosen Eisstadien oder Ausstellungshallen zum Besten gegeben haben.

«Sie sehen so traurig aus», sagt er. Er nimmt meine Hand und betrachtet sie. Auch ich betrachte sie. Mit einem unerwarteten, absonderlichen Interesse betrachten wir gemeinsam meine Hand: Er, weil er sie nicht kennt, ich, weil sie sich zwischen seinen Fingern verändert ausnimmt. Sie sieht wie ein kleiner, zarter Gegenstand aus, der mir nicht mehr gehört.

«Wie alt sind Sie?», fragt er.

Zu meiner grossen Verwunderung höre ich mich antworten: «Ach, das spielt doch keine Rolle.»

«Sie haben Glück», sagt er.

Ich sehe ihn mit grossen Augen an. Er ist mindestens doppelt, wenn nicht dreimal so alt wie ich.

«Glück? Warum?»

«Weil Sie es schon so weit gebracht haben. So jung und schon Journalistin. Eine schöne Leistung. Ich war in ihrem Alter noch ein Niemand, ein Nichts, ohne jede Leistung.» Er lässt meine Hand los. Dann wendet er den Kopf kurz ab, schliesst die Augen: «Also, dann schiessen sie mal los.»

Ich beginne die aufgeschriebenen Fragen

herunterzuleiern. Meine Fragen scheinen ihm bekannt zu sein, er überlegt nie lange, antwortet sofort und druckreif:

«Natürlich habe ich eine klassische Ausbildung als Pianist genossen. Sonst könnte ich im Gegensatz zu vielen meiner Kollegen nicht alle meine Lieder wirklich selber komponieren.»

«Aber sicher habe ich Lampenfieber. Und wie. Jeden Abend glaube ich, vor Scham versinken zu müssen. Immer wieder frage ich mich: Bist du es überhaupt wert, dass so viele Menschen zu dir kommen, um dich zu hören ...»

«Ach Geld? Was ist schon Geld? Geld ist, sagte der von mir so geschätzte Schriftsteller Ernest Hemingway mal: Geld ist doch nur bedrucktes Papier. Recht hat er.»

«Ich liebe meine Musiker, als wären sie meine Söhne, meine Brüder. Mit ihnen verbindet mich ein Band, das nur das gemeinsame Musizieren knüpfen kann.»

«Mein Gott, was soll ich dazu sagen. Diese Skinheads. Sie schlagen Ausländer, dabei schlagen sie im Grunde sich selbst, ihr eigenes Leben.»

«Na, auf diese Frage habe ich doch gewartet. Liebe! Was ist Liebe für mich? Nun, ich will es mal ganz prosaisch so ausdrücken: Liebe ist das wunderbarste Geschenk, das sich zwei Menschen gegenseitig schenken können.»

Und immer hat er meine Augen im Visier. Ich kann seinen braunen Augen nicht entgehen. Weiche ich aus, schon hat er mich wieder mit seinem Blick gefangen. Und ja, er sieht in diesem fahlen Licht gar nicht übel aus.

«Ich mag gerne Frauen, aber das ist ja längst alles bekannt!», meint er lachend, ohne weitere Fragen auf das doch verbotene Privatleben abzuwarten. Ich verhaspele mich noch zwei-, dreimal. Dann steht er grinsend auf, ruft seinen Konzertmanager und sagt ihm: «Übrigens, diese beiden Damen werden uns heute an meiner Tafel noch Gesellschaft leisten. Okay?»

Die Privataudienz ist beendet. Er steht nicht auf. Er schwingt seine langen Beine kurz in die Luft und schon steht er. Als der Manager uns den Namen des Restaurants nennt und wir wieder vor der Garderobentür stehen, fühle ich mich eigentümlich wohl. Lea gähnt: «So ein Scheiss. Erst dieses Gesabber eines alten Mannes über Gott und die Welt. Und jetzt noch Essen mit diesen alten Säcken.»

«Blödsinn. Da gehen wir natürlich hin. Schliesslich habe ich einen Job zu erledigen», grinse ich.

«Also, Anja, bis nachher, ja?»

Jürgens Stimme holt mich in die reale Gegenwart zurück, reisst mich aus virtuellen Träumen. Ich nicke gedankenverloren, fasse mir wie immer in Momenten, in denen ich bei meinen Gedanken ertappt werde, an die Nase, kratze kurz die Spitze, einmal rechts, einmal links: «Ja, okay.»

III

Vor dem Berner Kursaal strebt er mit grossen Schritten und einem wehenden leichten, weissen Sommermantel einem Auto zu, dessen Tür offen auf ihn wartet. Benommen suche ich mein kleines, altes Auto auf dem schon leeren Parkplatz. Ich lasse den Golf an. Er stottert, stirbt ab. Ich starte wieder, lasse den Motor aufheulen, lege krachend den ersten Gang ein: «Na dann los ins Mistral, in das Kellerlokal am Rathaus.»

Die Nacht hat sich still über unsere kleine Stadt gelegt. Wie gelähmt ragen die Bäume als dunkle Pfeiler in den dunklen Himmel. Kein Tram fährt mehr, keine bunten Plakate mehr im Sonnenlicht. Dafür dunkle Schaufenster. Nur hier und da eine Ampel, die sich die Nacht damit vertreibt, pausenlos gelb zu blinken. Wir holpern über schlechten Asphalt, durch Strassen, die tagsüber hoffnungslos verstopft sind. Kurz vor Mitternacht betreten Lea und ich das Kellerlokal. Ich ziehe meinen Jupe wieder etwas runter, wie ich es immer tue, wenn ich unsicher bin. Ich streiche mir die blonde, lange Strähne, die mir immer wieder ins Gesicht fällt, über die Stirn. Ich bin nervös, gespannt, neugierig. Ist Neugier nicht das Wichtigste für eine Journalistin? Steht das nicht in all den klugen Büchern von alten

Journalisten?

In den Nischen entdecke ich einige Paare. Ein Mann legt einer Blonden die Hand ans fein ausrasierte Genick. Eine Frau flüstert einem anderen ihre Begeisterung ins Ohr. Eine lächelt, schaut ständig auf die Uhr, muss wohl nach Hause zu ihrem Ehemann, der seit Stunden auf das Ende der Volkshochschule wartet. Liebespaare, die sich in Bereiche unterhalb der weltlichen Oberfläche verzogen haben, um hier heimlich Händchen zu halten, sich unterm Knie zu tätscheln. Sie haben die Nacht für sich. Graut der Tag, überfällt sie der Alltag und die Liebe stirbt mit den ersten Strahlen eines fahlen Lichtes.

Die beiden älteren Damen, die sich bereits im Konzert an unserem Tisch mit ihren Erlebnissen mit dem Künstler gebrüstet haben – sie sitzen schon Wodka-glücklich da und blättern mit ihren langen, falschen roten Fingernägeln professionell durch die Speisekarte, murmeln, zeigen auf teure Weine, fragen sich, ob es Zeit für Austern ist oder ob der Monat noch ein «r» im Wort hat und man es wagen könne, oder doch eher nicht, man liest ja so viel von Umweltverschmutzung und Gelbsucht ...

Ich setze mich mit einem gemurmelten «Guten Abend» neben die Frau, die Jürgens hautnah kennen will. Und lege kühn meine Schachtel Zigaretten auf den Tisch, neben den bunten Teller, die blütenweisse Serviette und ihr Wodka-Glas mit dem dicken roten Lippenstiftrand. Ich zittere, als ich die Schachtel leicht fallen lasse, schlage mit meinen Fingern leicht gegen eines der zwei Gläser vor mir. Lea lässt sich neben mich plumpsen, unterdrückt einen leichten Rülpser, beginnt wieder in ihrer Nase zu bohren, glotzt die beiden Frauen verständnislos an, langweilt sich, dreht aus den Brötchen kleine Kugeln, die sie sich mümmelnd in den müden Mund wirft.

Die Tür geht auf. Der freundliche Pressemann tritt ein, gefolgt von einem jüngeren Herrn, der ganz offensichtlich der Chauffeur von Jürgens ist. Dann folgt er. Nein. Er folgt nicht: Er ist einfach da. Er kann nicht alt sein, schiesst es mir durch den Kopf. Schlacksig wie ein junger Mann schwingt er durch die Tischreihen, lächelt, nimmt seine Brille von der Nase, verstaut sie hinter einem bunten Einstecktuch in seiner Brusttasche, greift noch im Gehen sein Seidenjackett von seinen schmalen Schultern, grinst, fährt sich mit der Hand durchs immer noch leicht nasse, nur angeföhnte braune Haar, greift sich den Stuhl neben mir und lässt sich elegant ohne auch nur einen lauten Ton auf den Stuhl fallen, zieht ihn an den Tisch und lächelt mich an: «Alles okay, meine Damen? Schon lange gewartet? Sorry, aber wir machten einen kleinen Umweg durch die Stadt, die ich ja nicht mal genau kenne. Egal. Jetzt bin ich hier.»

Er fasst den hurtig herbeigeeilten Kellner an seiner weissen Schürze, legt ihm leicht die braungebrannte Hand auf den schwarzen Jackettarm und zählt uns ab: «Eins, zwei, drei, vier, fünf, sechs, sieben, also sieben Cüpli für uns hier. Dann sehen wir weiter.»

Ein Cüpli, schiesst es mir durch den Kopf. Dieses Glas Champagner kostet hier doch mindestens 15 Franken. Das kann ich mir doch gar nicht leisten. Wie soll ich das hinterher nur zahlen?

«Ihr seid heute Nacht natürlich meine Gäste», lächelt er, als habe er einmal mehr meine Gedanken erahnt. Ich starre ihn an. Mit offenen Augen, offenem Mund. Dieser Mann soll der grosse Sänger, Komponist und Showstar sein, der mich seit meiner Kindheit im Radio verfolgt? Den meine Mutter, mein Vater verehrte? Der Millionen Menschen in seinen Bann zieht, wenn er auf der Bühne, im Fernsehen auftritt? Und dieser alterslose Mann neben mir soll der Mann sein, der Tausenden von Frauen das Herz gebrochen hat?

«Mein Gott, seid ihr aber bescheiden», holt er mich in die Nacht zurück. «Nur ein Cüpli als Apéro. Das wollen wir doch nochmals wiederholen. Ober, zwei weitere Cüpli für die Damen.»

Dann klatscht er in seine muskulösen Pianistenhände, reckt seine Schultern, sagt: «Für heute hab ich genug Fitness getrieben: Ein Konzert und du bist zwei Kilos los. Das ist wie ein Marathonlauf mit zwei Kehren. Aber wenn du durch bist, bist du zwar geschafft, aber auch unheimlich glücklich.»

Ich kippe vor Aufregung das zweite Cüpli wie eine Verdurstende hinunter. Jürgens blinzelt mir aus plötzlich kleinen Augenschlitzen zu: «Na, dann wollen wir jetzt zu Grösserem schreiten und uns mal was zu essen bestellen.»

«Vielen Dank, Herr Jürgens», murmele ich so leise, dass nicht mal ich mich höre.

Er lacht. Freut sich. Erzählt etwas von neuer CD, neuen Galas, neuen Reisen nach Los Angeles. Lautstark berichtet er von seinem Ferienhaus in Portugal, von seinem Swimmingpool dort, seiner Sauna, seinem Dampfbad, «das ich unbedingt brauche, jeden Tag, für meine Stimme. Das habe ich von Frank Sinatra gelernt. Der machte das auch so. Tag für Tag. Und war nie wirklich krank, bevor er an Altersschwäche starb.»

Die beiden älteren Damen hängen gebannt an seinem Mund. Der Kellner zückt seinen Block und nimmt unsere Bestellungen auf.

«Ich beginne ...», kratzt sich Udo durch sein braunge-

ranntes Gesicht.

«Also, ich beginne mit einem Bier. Aber das muss eiskalt sein.»

Als der Kellner gerade zur Küche schlurfen will, hört er im Rücken Jürgens scharfe Stimme: «Halt. Hiergeblieben. Wir haben ihrer Küche ja noch nicht verraten, was wir alles ausser eiskaltem Bier noch bestellen wollen.» Wieder fährt er sich übers Gesicht. «Also, ich nehme eine Hummersuppe, ein Beefsteak-Tatar, dann Muscheln und dazu, wie schon gesagt, ein richtiges Schweizer Bier. Aber eiskalt.»

Nervös greift Jürgens zu meiner Zigaretten-schachtel: «Du erlaubst doch? Ich bin zwar Nichtraucher. Aber so nachts, da brauche ich schon mal eine Zigarette. Übrigens, wie heisst du eigentlich?»

Er hat sich die Zigarette schon zwischen die Lippen geschoben. Aus purer Nervosität nehme ich mir auch eine, schon gibt er mir Feuer.

«Du, ich bin der Udo», pafft er sofort Rauch

in die Luft. «Und wie heisst ihr mit Vornamen?»

Die beiden aufgetakelten Damen an unserem Tisch verlieren sichtlich die Fassung. Die eine zieht sich zum zweiten Mal heimlich die Lippen nach, die andere streicht immer wieder über ihre Handrücken, um ihre Altersflecken abzudecken. Denn Jürgens hat keinerlei Lust, sich auch nur eine Sekunde diesen Damen zu nähern. Sie sind wie abgestandene Luft für ihn, nicht vorhanden. Dann versucht es die eine doch: «Du warst wundervoll heute Abend. Genauso wundervoll wie damals in Baden-Baden, als wir uns zum ersten Mal trafen und dann ...»

«Danke, aber das ist Jahre her. Und Vergangenheit interessiert mich nicht», kanzelt er die Frau, die hörig an seinen Lippen hängt, ab.

«Na, was muss ich euch das schon erklären: Vergangenheit und Zukunft», grinst er mich an und streichelt wie zufällig über meinen nackten rechten Oberarm, dass sich sofort alle Härchen gegen den Himmel recken.

«Das ist die Lea», stottere ich. «Und ich, also ich ...»

«Ja, du», tätschelt Jürgens weiter meinen Arm und kann sich ganz offensichtlich nicht erinnern, dass ich mich bei unserem Interview in seiner Garderobe bereits vorgestellt habe.

«Also ich ...»

«Anja heisst sie!», knallt Lea mit ihrem lauten Organ dazwischen: «Anja heisst sie.»

«Also, Anja, dann wollen wir doch mal unser erstes gemeinsames Nachtessen geniessen». Schon schiebt er sich den ersten Löffel seiner Hummersuppe in den Mund, der sich genüsslich verzieht: «Köstlich, Anja. Ich sage dir nur: köstlich.» Jürgens löscht die heisse Suppe mit einem Schluck eiskaltem Bier ab. Er löffelt weiter. Bis er plötzlich den Löffel in der Luft stehen lässt und sagt: «Sag mal, Anja, kannst du mir nicht deine Adresse auf die Serviette schreiben, damit ich mich mal bei euch revanchieren kann mit einem meiner Super-Raclette? Das müsst ihr unbedingt einmal erleben. Ich kann euch versprechen, das ist das beste Raclette, das ihr je erlebt habt. Mit allem drum und dran. Mit vier verschiedenen Käsesorten. Mit Filetfleisch. Mit Crevetten. Mit einem herrlichen Wein. Da müsst ihr mir unbedingt mal die Ehre erweisen, mich zu besuchen, um bei mir, so ganz ungestört von irgendwelchen Fans, mit mir zu geniessen ...»

«Noch eine Zigarette?», stammele ich.

«Warum nicht ...»

Schon reicht er mir Feuer und streicht sanft über meinen Arm. Am Tisch herrscht schlagartig Schweigen. Die beiden älteren Damen führen wie Roboter ihre Löffel zu den rot umrandeten Mündern. Natürlich haben sie Hummersuppe und Tatar wie ihr Idol bestellt.

Böse Blicke treffen mich: Natürlich Tussis. Natürlich sind wir Tussis. Groupies. «Jetzt bedankst du dich artig für das Essen, sagst Gute Nacht und gehst nach Hause», donnert es mir durch den Kopf. Aber was wird er sich dann denken? Dass ich eine undankbare Journalistin bin? Die doch von ihm ein Interview bekommen hat? Quatsch. An sich kann ich Fischgeruch nicht ausstehen. Aber heute Nacht macht's mir nichts aus. Aber verträgt sich eigentlich Hummersuppe mit eiskaltem Bier?

«Sorry, ich muss mal», rette ich mich aus meinen Gedanken.

Als ich aufstehe, streicht er mir kurz über den Rücken. Es vergehen Stunden mit Jürgens, Stunden, die mir wie Minuten vorkommen, und Lea hat genug. «Anja. Ich hab Kopfweh, lass uns endlich gehen», nörgelt sie. «Ich mag nicht mehr dieses Gesülze hören, im Übrigen bin ich brechend satt», quengelt sie.

Bei den beiden Damen an unserem Tisch

verläuft langsam das sorgsam aufgetragene Make-up. Kleine Schweisstropfen sind auf ihren Gesichtern mit den übertünchten Falten zu sehen. Sie halten sich krampfhaft fest an diesem Tisch, an diesem Abend, an diesem Mann. Böse starren sie Lea und mich an. Warum nur, warum? Weil wir jung sind? Weil wir nicht unsere Falten zukleistern müssen? Weil wir es nicht nötig haben, unseren Lebenssinn in nächtlichen Essen mit einem Star zu suchen?

Zuckersüss lächelt er mich an und meint: «Was, ihr wollt schon gehen? Mich verlassen? In dieser wunderbaren Nacht in eurer wundervollen Stadt? Warum fahrt ihr nicht mit mir nach Zürich? Ich lade euch herzlich zu einem gemeinsamen Frühstück bei mir zu Hause ein!»

«Also ich muss morgen früh raus», knatscht Lea.

Ein Frühstück bei ihm zu Hause? Jetzt?

«Das geht wirklich nicht. Entschuldigung. Aber wir müssen heute früh in die Schule», erkläre ich ihm.

«Aber ich hoffe doch, dass dies nicht unser letzter gemeinsamer Abend ist», flötet er, reisst seinen Stuhl nach hinten, steht leichtfüssig auf, hilft mir mit einer eleganten Handbewegung aus dem tiefen Sitz, drückt mir einen nassen Kuss auf die Handfläche, gibt mir seine Visitenkarte: «Die ist aber nur für dich. Das ist ganz privat. Unter dieser Nummer erreicht mich sonst wirklich nur mein Manager. Sonst niemand.»

Er nimmt meine zerknüllte Serviette vom Tisch, auf die ich kurz vorher noch mit seinem teuren Cartier-Stift meine Telefonnummer plus Adresse gekritzelt habe, wiederholt sie langsam, dann sagt er leise: «Ich freue mich, auf bald. Ich melde mich garantiert.»

Ich muss lächeln, als ich den Schlüssel in meinen klapprigen Golf stecke.

Bereits auf seiner Heimfahrt ruft er bei mir zu Hause an. Morgens um 4 Uhr! Er will wissen, ob ich gut nach Hause gekommen bin. Einige Stunden später, kurz vor seinem Konzert in Basel, klingelt das Telefon erneut. «Anja, besuchst du mich heute Abend in Basel? Du würdest mir eine grosse Freude machen.»

Ich bin doch in Bern. Ich muss doch in die Schule. Kann doch nicht einfach so nach Basel brausen, nur um Udo Jürgens eine Freude zu machen. Drei Anrufe innert 24 Stunden. Träume ich? Was will er? Was will ich?

«Tut mir leid – das geht heute wirklich nicht.»

«Ich verstehe dich, Anja. Vielleicht ein anderes Mal ...»

Er würde mich irgendwann wieder mal anrufen, so hat er es gesagt. Wir würden zusammen essen gehen und ich würde vielleicht nochmals ein grosses, langes Interview mit ihm machen können.

IV

Einige Wochen später. Das Telefon klingelt. Ich sitze gerade genervt am Schreibtisch, ziehe krampfhaft meinen verrutschten Rock wieder in die richtige Position und renne an den Apparat, wie ich es immer tue.

«Udo hier ...»

«Wer spricht ...?» Ich glaube, mir verschlägt's die Sprache. «Welcher Udo?»

«Ach, Anja, ich bin's doch ...»

«Du bist es ...», wiederhole ich und zerreisse mir dabei meinen einzigen noch einigermassen passenden schwarzen Jupe am hinteren Saum.

«Na endlich hast du mich erkannt. Ich denke immer: So viele Udo Jürgens gibt es ja auch wieder nicht.»

«Nein, das stimmt», wiederkäue ich wie eine Kuh.

«Wie geht es meiner Anja? Hast du alles im Griff?»

«Wie es mir geht? Ich bin okay. Mir geht es prima. Mir geht es echt ganz prima.»

«Wie schön, deine Stimme zu hören», flötet es mir entgegen. «Es ist so erfrischend nach all dem Stress, den ich so habe mit der Tournee, den neuen Liedern, den Fernsehaufnahmen und der neuen CD. Endlich höre ich mal wieder einen glücklichen Menschen. Wie schön.»

«Ja, mir geht's schon gut. Aber wie haben Sie denn überhaupt meine Nummer rausbekommen?»

«Anja. Schon alles vergessen? Das wunderbare Abendessen bei euch in dem Kellerlokal, in deiner herrlichen Stadt, in der du lebst. Da hast du mir doch deine Nummer auf eine Serviette geschrieben, und die habe ich vor mir liegen. Und so habe ich mir gedacht: Na, ruf doch mal die Anja an.»

«Sie haben noch die alte Serviette?»

«Aber natürlich. Oder denkst du, ich schmeisse die weg? Natürlich habe ich die Serviette behalten, schon als kleines Souvenir an unseren wunderbaren ersten gemeinsamen Abend nach dem Konzert.»

«Ja, also ich bin da, da haben Sie aber Glück gehabt.»

«Anja. Im Leben hat man immer Glück, wenn man nur fest an sich und sein Leben glaubt. Das ist so eine kleine Lebensweisheit, die mir meine Mutter als kleiner Bub auf den Weg gegeben hat. Und bisher habe ich mich immer daran gehalten, mit recht passablem Erfolg. Solltest du auch tun, Anja.»

«Ach, wissen Sie ...»

«Anja, bitte lass uns doch beim Du bleiben. Das Sie ist so förmlich. Da komme ich mir so ausgesperrt von deinen Gedanken vor. Das grobe Sie sagen alle zu mir. Du sage ich aber nur zu wirklichen Freunden. Und zu denen darf ich dich doch zählen, oder?»

«Ja, ja, natürlich. Sie, ich meine du. Bist du gerade in der Schweiz? Oder von wo ruft du mich denn an?»

«Ich komme gerade vom Flughafen, war in Deutschland, bei der Aufzeichnung einer grossen Samstagabend-Show. Die musst du dir unbedingt ansehen, ist wirklich toll geworden, habe dort auch zum ersten Mal zwei meiner neuen Lieder vorgestellt.»

«Und jetzt?»

«Jetzt sitze ich mutterseelenallein in meiner grossen Wohnung über dem See von Zürich, schaue aus meinem grossen Fenster auf die abendliche Stadt und dachte mir: Genau die richtige Sekunde, um Anja anzurufen.»

Langsam dämmert mir: Das ist der Mann, den Millionen Frauen begehren. Der Millionen Frauen mit seinen Liedern becirct, ein Mann, der sicher Millionen in seinem Leben verdient hat, der alles hat, ein tolles Haus, eine tolle Wohnung, ein tolles Auto, ein tolles Schiff, tolle Freunde, tolle Freundinnen. Und dieser Mann ruft dich an. Dich, die kleine Anja aus dem verschlafenen Nest am Jurasüdfuss. Ist das nur ein Traum?

«Anja? Hallo? Bist du noch dran, Anja?»

«Ja, ja, natürlich bin ich noch dran. Ich kann es nur noch nicht so recht fassen, dass du mich wirklich angerufen hast.»

«Ja, hältst du mich denn für ein Monster?», lacht er mir ins Ohr. «Wenn ich mal etwas verspreche, dann halte ich das auch. Und sei es nur ein Telefongespräch. Mensch, ich bin doch auch nur ein Mensch, genauso wie du. Und ich freue mich eben, mit dir zu sprechen. Denn was du alles so denkst und sagst, das interessiert mich mehr als all das Geschwafel, das ich sonst von Fans so höre. Das kann ich dir sagen, die schreiben mir oft schon unheimlich intimes Zeug.»

«Aber ich hab noch nie geschrieben.»

«Anja. Ich meine doch damit nicht dich. Du bist total anders. Du bist ein fröhliches, gebildetes junges Mädchen, mit dem es unheimlich viel Spass macht zu reden.»

«Also, ich weiss nicht ...»

«Oh doch. Du musst nur an dich glauben und alles gelingt dir in deinem Leben. Vertrau mir einfach.»

«Also, dass du mich angerufen hast, das hätte ich nie und nimmer gedacht. Ehrlich nicht. Damit hast du mir eine grosse Freude gemacht, ehrlich.»

«Die Freude ist ganz auf meiner Seite, Anja.

Nur denke ich, dass man sich am Telefon eben doch nicht alles sagen kann, was man gerne will. Das ist so.»

«Ja, das ist schon so ...», wiederhole ich blödsinnig seine Worte.

«Also, Anja, dann besuche mich doch mal.»

«Dich besuchen? Aber wo denn? Du wohnst doch so weit weg.»

«Unsinn, Anja. Ich lade dich hiermit ganz offiziell zum zweiten Mal zum Essen ein. Bei mir zu Hause, in meiner Wohnung. Da können wir dann einen ganzen Abend lang reden, reden, reden und nebenbei auf die Welt zu unseren Füssen ein bisschen runtergucken. Einverstanden?»

«Ja, aber ...»

«Kein ‹aber›, Anja. Einverstanden?»

«Ach, nein, nein. Vielen lieben Dank, aber ich kann wirklich nicht. Das musst du einfach verstehen..»

«Steckt vielleicht ein Freund hinter deiner Absage, Anja? Du kannst es mir ruhig sagen.»

«Oh nein, ganz bestimmt nicht. Das nicht. Aber bitte verstehe das. Es geht wirklich nicht. Bitte sei mir nicht böse.»

«Ich dir böse sein? Nie und nimmer. Ich versteh dich. Aber aufgeschoben ist ja nicht aufgehoben. Egal, es ist schade. Vielleicht klappt es ja beim nächsten Mal. Okay?»

«Okay ...»

«Bis zum nächsten Mal. Tschüss.»

Wochen vergingen. Vielleicht gar Monate. Was ist schon Zeit, wenn man jung ist? Ich habe mich nie an den Rhythmus der Zeit gewöhnen wollen. Als ob das Leben ein grosses Klavier ist, um dessen Pedale ich mich nicht kümmerte. Ich machte keinen Gebrauch davon. Warum auch? Gedämpft spielte ich meine eigenen symphonischen Ouvertüren meines Glück in meiner Phantasie durch. Und hatte Erfolge, wenn ich mich ganz meiner Melancholie hingab. Und die Liebe? Was ist schon Liebe? Ist es das, was eigentlich keiner hinbekommt, ist es nicht so, dass jeder nur von besseren Tagen der Liebe träumt? Was ist so magisch an diesem verteufelt schönen Wort «Liebe»?

Ich weiss, dass ich nicht der einzige Mensch bin, der sich wie verzaubert fühlt, wenn er das Gefühl überschreitet, das Traum von Liebe trennt. Es ist, als passiere man die Tore eines wunderbar fremden Landes. Jedes Mal, wenn ich dort hinfahre, sage ich mir, es könne unmöglich wieder so sein, aber es ist dann doch immer wieder anders. So oft ich darüber nachdenke, es gelingt mir einfach nicht, die Ursache für dieses Hochgefühl festzustellen. Vielleicht ist es das Wort, vielleicht der Schein der Abendsonne, wenn es gesagt wird. Sind es die einzelnen Buchstaben, die wie Blumen sich über mein Leben spannen wollen, das erste ferne Glänzen einer wunderbaren Zukunft? Wie ein Biograf meiner selbst sehe ich meinem Leben als Verlauf der Gegenwart zu, sehe die Tage anbrechen, sehe mich von Udos Worten gesättigt in den Abend hineinsinken. Und den Alltag – ich nehme ihn zwischen Traum und Wirklichkeit wahr. Über Nacht hüllt der Nebel den Herbst ein. Aus den grünen Wiesen werden traurige, braune Äcker. Aus den fröhlich-sorglosen Sommermenschen müde, schleichende Kreaturen, die sich vor Wind und Regen ducken. In jeder freien Minute treibt es mich jetzt über das Nebelmeer, das unsere Stadt einlullt. Kaum ein Tag, an dem ich mich nicht in meinen alten, aber immer noch rüstigen Golf setze und auf die Jura-Anhöhen fahre. Dort setze ich mich auf eine Bank, ziehe mir fette, verklebte Pommes Frites aus dem Schnellimbiss um die Ecke aus der Tüte in mich rein, während unter mir der Nebelmantel liegt und über mir eine müde Sonne ihre letzten Strahlen abgibt. Hier oben zwischen Rentnern und ihren Hunden ist alles so friedlich. Hier fühle ich mich wohl. Ich schlucke meine

Träume mit Cola aus der Plastikflasche weg, sehe den Regen in der Ferne aufziehen wie eine Wand. Als ich wieder mal spätabends nach Hause zurückfahre, fingere ich an meinem Autoradio hin und her, zappe mich durch die Programme. Und plötzlich höre ich eine Stimme, die Stimme von Udo Jürgens.

«Meine lieben Nachtmenschen», höre ich. «Hier ist die neueste Single von Udo Jürgens. Ein wunderbares, neues Lied, das wir zum ersten Mal heute Abend spielen.»

Schon ertönen die ersten leisen Töne, die sich zu einem wunderbaren Melodiebogen vereinen, bevor Jürgens' unnachahmliche Stimme die Melodie aufnimmt, mit ihr spielt. Mein Gott! Das ist es. Mit dem jetzt ein Interview machen. Zu seiner neuen Platte. Zu seinem neuen, leisen Stil. Dieses Interview würde sich verdammt gut verkaufen lassen, gab er doch in letzter Zeit kein einziges Interview. Nicht mal den grossen deutschen Illustrierten. Wo ist nur seine Nummer? Wo habe ich bloss seine Telefonnummer hingelegt? Ich gebe Gas, rase nach Hause. Ich reisse die Schubladen meines Schreibtisches auf. Wo nur habe ich seine Telefonnummer? Ich krame mich durch alte Zeitungen, Belege, herausgerissene Artikel. Da, da ist sie. Sie liegt friedlich neben meinem alten, leeren Füller. Hinter dem

Computer. Soll ich? Soll ich nicht? Immerhin ist es schon fast Mitternacht.

Aber hat er mir nicht gesagt, dass er ein Nachtmensch ist? Dass er nie vor zwei, drei Uhr nachts schlafen geht? Dass er nachts komponiert, wenn alle schlafen, die Welt in Ruhe verharrt? Mit klammen Fingern wähle ich die Nummer. Ich warte. Es klingelt. Es klingelt zwei Mal, drei Mal. Dann kommt der Piepton. Dann seine Stimme: «Hallo. Hinterlassen Sie mir nach dem Piepton ihre Nachricht. Danke.»

Ich schlucke. Ich kratze mir aus Nervosität an der Nase.

«Hallo, hier ist die Anja. Ich wollte dich nur fragen, ob du Zeit hättest, also Zeit, ich meine für ein Interview. Rufst du mich zurück? Egal wie spät es ist, ich bin noch auf.»

Langsam spreche ich zweimal meine eigene Telefonnummer auf sein Band. Keine zwei Stunden später klingelt es. Es ist, ich kann es nicht fassen: Udo Jürgens.

«Hallo Anja. Da habe ich mich aber gefreut, endlich mal was von dir zu hören. Mein Gott, was haben wir uns alles zu erzählen. Okay, jetzt ist schon zwei Uhr, und für ein Interview ist es jetzt vielleicht ein bisschen spät. Aber wie wäre es morgen? Ich meine natürlich heute. Heute Abend bei mir. Geht das?»

«Heute Abend schon? Ja, ja, das geht sicher. Wann und wo sollen wir uns treffen?»

«Passt dir 19 Uhr. Bei mir? Dann können wir vorher ja vielleicht noch einen Happen essen.»

«Ja, sicher.»

«Kommst du denn allein, Anja?»

Ich schlucke.

«Anja, hallo, bist du noch dran? Kommst du allein?»

«Nein. Ich bringe meine Freundin mit. Die kann im Zweifel auch noch ein paar Fotos machen.»

«Super, Anja. Bis morgen, ich meine, bis heute. Ich freue mich. Tschau.»

V

Dass Lea mich heute zu Udo Jürgens beglei-
tet, tut sie nur aus Liebe zu mir und aus Neugier: «Mal sehen, wie der so wohnt», ist ihre
Motivation. Nebenbei interessiert es sie natürlich, wie ein grosser Star wie er uns emp-
fängt, ob er uns in Pantoffeln die Tür öffnet
und welches Eau de Toilette ein Mann wie er
benutzt.

Die Autobahn zieht sich unerbittlich
schnurgerade dahin. Ich fahre mit meinem
Golf nicht schneller als 120 Kilometer in der
Stunde. Nicht, weil ich nicht schneller fahren
kann. Ich habe Angst, dass mein alter Golf
den Geist aufgibt, ich ihn überfordere. Jürgens hat mir genau beschrieben, wie ich zu
ihm komme: Du nimmst ganz einfach die
grosse Strasse, die über die grosse Brücke
führt. Dann bist du schon an diesem grossen
Platz. Und da wohne ich. Tatsächlich wohnt
er im Herzen Zürichs, zwischen Strassen-
bahn- und Bussgleisen, vor einer aufgerisse-
nen, grossen Wiese, umgeben von lauter Piz-
zerias, einem Nachtclub und zwei Kaufhäu-
sern. Freie Parkplätze sind Mangelware. Eine
Parkgarage ist zwei Kilometer entfernt und
schliesst pünktlich um 22 Uhr. Ich fahre
durch die erste, die zweite Einbahnstrasse.
Ich fahre im Kreis. Ich schwitze. Ich fluche.

Ich haue aus Wut mit der Hand aufs Steuer: «Kann der nicht wohnen wie jeder normale Star? In einem Haus an der Zürcher Goldküste? Mit breiter Auffahrt und viel Platz für mein kleines Auto?»

Ich folge einer Strassenbahn, biege dann kurzentschlossen in eine kleine Seitenstrasse ein, gerade neben seiner Wohnung. Egal, ob mir das eine Busse einbringt: Hier wird geparkt. Ich schleppe meine riesige Fototasche, eine Jacke und meinen Rucksack mit dem riesigen Aufnahmegerät, das mir unser Regionalradio extra mitgegeben hat, um von Udo einen exklusiven, privaten Trailer zu bekommen, schwer schnaufend bis zum verborgen liegenden Hauseingang.

«Willst du bei Jürgens einziehen, Anja?», fragt mich Lea und zeigt auf mein vieles Gepäck.

«Ha, ha, ha, selten so gelacht!»

Sie grinst mich an.

Ich drücke, wie er mir am Telefon erklärt hat, den speziell konzipierten Klingelknopf. Aus dem Lautsprecher über der Klingel ertönt eine Stimme: «Wer ist da?»

«Anja.»

Ein tiefes Rauschen im Lautsprecher folgt, dann ein Klick und wir können die schwere Glastür öffnen. Ein uralter Lift rappelt uns in den fünften Stock hoch. Ich wuchte meine Geräte aus dem engen Lift, da steht er schon in der weiss lackierten, dicken Tür und strahlt übers ganze Gesicht. Er trägt Jeans wie ich, nur viel ausgewaschenere. Er ist barfuss, hat ein blaues Hemd an, das oben offen ist und seinen sonnengebräunten Hals zeigt.

«Schön, dass ihr da seid», sagt er, drückt mir drei Küsschen auf die Wangen, schon düst er durch das grosse, offene Wohnzimmer zurück ins Badezimmer. «Macht es euch bequem. Ich muss nur noch kurz meine Haare föhnen.»

Hier also wohnt der Superstar der deutschen Show- und Schlagerszene. Hier einige Familienfotos in goldenen Bilderrahmen, dort die eingebaute Stereoanlage. Ich stelle mein Gepäck ab, sehe mir die Fotos an. Seine Kinder sind älter als ich. Auf den Bildern lächeln sie glücklich, halten ihren Papa stolz im Arm. Auf dem Tisch liegt eine Menge Fanpost. Unzählige Briefe, viele mit beigelegten Fotos. Jung, hübsch sind sie alle, die ihm per Hand schreiben: «Lieber Udo», «Geliebter Udo», «Mein über alles Geliebter». Ich komme mir vor wie in einem Partnerinstitut für einsame Seelen.

«Darf ich euch was anbieten? Einen Espresso vielleicht?», fragt er uns, während er sich mit der linken Hand durchs mittlerweile trockene braune Haar streicht. Ohne unsere Antwort abzuwarten, schaltet er die Kaffeemaschine ein, nimmt drei kleine schwarze Tassen aus dem Schrank. Plötzlich klingelt die Hausglocke. Lea und ich sehen uns verwundert an.

«Keine Angst, das ist ein Freund», erklärt uns Udo und öffnet die Tür.

«Kommt, macht es euch alle bequem», fordert er uns auf. Er setzt sich auf die breite, weisse Ledercouch, rupft sich sein Brille von der Nase, schlägt jugendlich seine langen Beine übereinander. Die beiden Männer blödeln, machen sich lustig über die Sprache von Lea und mir, unser Schweizerdeutsch. Sie nennen unsere Heimatsprache eine «maladie de la gorge», eine Krankheit des Rachens. Und Udo erzählt sofort, wie er zum ersten Mal in die Schweiz kam und anfangs gar nicht verstehen konnte, wie man zu einem Mund «Maul» sagen kann.

«Doch nach 20 Jahren in dieser wunderbaren Stadt», grinst er mich an, «sage ich natürlich längst Züri statt Zürich. Ich fahre auch das Tram statt die Strassenbahn. Und wenn mein Zürcher Eishockeyverein gewinnt, dann gewinnen die natürlich den Match und nicht, wie man bei uns daheim sagen würde, das

Match.»

«Das ist kein schlechter Einstieg für ein Interview», sage ich und bringe mein Aufnahmegerät in Stellung. «Darf ich?»

«Anja, du darfst alles, was du willst», grinst er mich an.

Ohne auf meine Fragen zu warten, erzählt er mir, was ich wissen will. Wie er damals wegen Steuerproblemen aus Deutschland in die Schweiz ging. Wie er Zürich liebt, weil ihn diese Stadt an die Gegend erinnert, in der er geboren und aufgewachsen ist. Dass ihn in der Schweiz niemand belästigt, dass er hier leben kann, wie er will. Und die kulinarischen Genüsse in der Stadt schätzt er sehr: An die Galerie mit Bedienung hat er sich gleich gewöhnt, seine «Kantine», die weltberühmte «Kronenhalle». Wie er am Wochenende oft Wiener Kaffeehaus-Atmosphäre inhaliert bei einem Freund, der im Zürcher Niederdorf ein Café hat: «Da bekomme ich meine heisse Schokolade serviert und lasse mir als Nachtisch Gebäck, Kuchen und Champagner-Truffes einpacken für mein nächtelanges Komponieren am Flügel.» Freimütig erklärt er mir, dass er jeden Tag mindestens dreissig Minuten lang schwimmt, dass er aber Frauen, die da unheimlich dicke Gewichte heben, nicht mag. Dann schwärmt er von seinem Auto: «Das ist der einzige Luxus, den ich mir echt gönne: Es ist ein Rolls-Royce. Ein tolles Auto. Ich habe ihn als Cabrio. Wenn ich mit dem offen durch die Schweiz fahre, allein dafür hat es sich gelohnt, so hart zu arbeiten.»

Dann springt er auf, sagt: «Kommt, ich zeige euch was.»

Schon stehen wir vor zwei grossen Bildern: «Die hat mein Bruder gemacht. Der ist ein sehr begabter und berühmter Maler.»

Dann zieht er uns in ein Nebenzimmer, zeigt uns den freien Blick auf den See, sein Klavier, sein Keyboard, sein kleines Tonstudio, seine Auszeichnungen, die vielen Goldenen Schallplatten, die Goldenen Kameras, die Goldenen Stimmgabeln, die Bambis, die Bären.

«So, und jetzt ist Schluss mit Arbeit. Jetzt lassen wir uns verwöhnen.»

Zu Fuss marschieren wir zu viert in sein «verlängertes Wohnzimmer», die Kronenhalle. Natürlich ist ein Tisch reserviert für ihn, vier Personen. Charmant rückt er meinen Stuhl nach hinten, lässt mich neben sich Platz nehmen. Sofort ist ein Kellner da.

«Wie immer, vorher ein eiskaltes Bierchen?»

«Aber sicher, mein Lieber», sagt er. «Eiskaltes Schweizer Bier. Damit kann der Abend beginnen.»

Dann grüsst er mit kurzem Nicken Gäste, die ihn anstarren und die er kennt. Er ist in seinem Element. Während er eine Flädli-Suppe löffelt, erklärt er mir die Bilder, die an der Wand hängen.

«Das ist ein Original-Chagall. Den Chagall habe ich hier mal zum Essen getroffen, da war er schon alt und hat die Glasfenster für die Kirche gemacht. Das ist ein Kandinsky, eines der wenigen Bilder aus der frühen Epoche. Von denen hängt sonst nichts im Museum. Und dort», er zeigt ungeniert auf einen älteren Mann, der in der Ecke sitzt und sich mit einer Frau unterhält, «dort sass immer der alte Schriftsteller James Joyce, dieser Ire, als er in Zürich wohnte und hier kostenlos essen durfte.»

Schon wird uns ein Chateaubriand serviert, mit Pommes Frites und Gemüse. Das feudale Mahl wird uns auf einer Silberplatte gezeigt: «Ist es so recht, Herr Jürgens?»

«Aber klar doch. Einfach wunderbar. Und dazu trinken wir alle einen guten Rotwein. Ihr habt doch so einen guten offenen. Von dem nehmen wir einen halben Liter. Dazu zwei Flaschen Mineralwasser.»

Der Oberkellner überschlägt sich fast vor Ehrerbietung, während er das grosse, zart

gebratene Stück Fleisch Stück für Stück aus-
einandersäbelt.

«Für meine Freundin bitte das vorderste
Stück. Sie mag kein rotes Fleisch», bittet er
freundlich den Kellner und hält liebevoll seinen Arm um meine Schulter. Der freundliche
kleine Italiener nickt nur und blickt mich an.
Ich könnte vor Scham in den Erdboden krie-
chen: «Für meine Freundin ...»

Er legt sich die Serviette auf den Schoss,
nimmt einen Schluck Rotwein. Udos Hände
sind alles andere als zart und fein. Sie gleichen denen eines Arbeiters, der Tag für Tag
richtig zupacken muss. Nein, seine Hände
passen nicht zu seiner sonst eher filigranen
Gesamterscheinung. Aber wer jeden Tag die
schwarzen und weissen Tasten eines Klaviers
stundenlang bearbeitet, der leistet mit seinen
Händen auch Schwerstarbeit.

Jürgens erzählt gerne von sich, doch alles,
das fühle ich, gibt er nicht preis. Immer öfter
greift er nach meiner Hand. Lea schaut mich
fragend an, denkt wohl: Warum zieht Anja
ihre Hand nicht zurück? Macht sie sich denn
Hoffnungen? Dabei geniesse ich es offensichtlich, wenn seine warme, starke Männer-
hand in meiner liegt.

«Ist was, Anja?» Er zieht mich zart noch näher zu sich.

59

«Entschuldigt mich kurz», raune ich.

Ich suche die Toilette, will mich dort beruhigen. Doch erst mal lande ich in einer Bar, die an den grossen Essraum grenzt. Ich dränge mich durch die Bargäste, schnappe vor der Bar kurz frische Luft und frage mich, wohin dieser Abend nur führt. Ich mag keine Quickies, keine One-Night-Stands. Und als Nummer 1001 will ich mit Sicherheit nicht in die lange Reihe seiner «Abgeschleppten» eingehen.

Zurück am Tisch, springt er sofort auf, zieht mich eng neben sich, raunt mir ins Ohr: «Und jetzt gibt's ein wunderbares Dessert.» In einer silbernen Schale bringt der Kellner «Mousse au chocolat» mit Schlagsahne. «Bitte nur einen Teller für mich und meine Freundin», sagt er zum Kellner.

Wo wird das nur enden? Nicht etwa aus Gründen der Sparsamkeit bestellt er nur eine Portion: Er geniesst es, mich zu füttern, sich von mir füttern zu lassen. Damit kann er mir noch näher kommen. Unsere Stimmung ist mittlerweile ziemlich ausgelassen. Wir witzeln, machen Blödsinn. Auch die Tischgewohnheiten werden lockerer. Er zieht mich offen zu sich rüber, schiebt mir «Mousse au chocolat» in meinen Mund, während Lea und sein Freund in ein ernstes Gespräch über moderne Literatur vertieft sind. Udo zeigt mir, wie er seine Finger am Tischrand dehnt: «So halte ich meine Hände für Konzerte fit.»

Kurz vor Mitternacht brechen wir auf. Viele Menschen gehen an uns vorbei. Keiner von ihnen erkennt Udo. Keiner von ihnen bleibt stehen. Sie sind alle viel zu sehr mit sich selbst beschäftigt, gehen ihres Weges, schauen nicht links, nicht rechts.

«Und jetzt noch auf einen Absacker bei mir oben», befiehlt Udo, zieht seinen Schlüssel raus. Schon rattern wir in dem alten Lift nach oben. Lea rutscht nervös auf der weissen Couch hin und her. Sie will nach Hause. Sie weiss nicht, wie sie mit dieser Situation, diesem Abend umgehen soll. Auf einmal zieht mich Udo ganz nah zu sich und küsst mich auf die Wange. Ich versuche, mich von ihm zu lösen, und greife Halt suchend nach meinem Gin-Tonic-Glas auf dem Marmortischchen vor mir.

«Bleibt doch hier, ihr beiden. Ihr könnt ruhig hier schlafen und morgen früh fahren», meint er, als sei es das Selbstverständlichste auf der Welt, die Nacht bei einem Star zu verbringen. Lea schüttelt panikartig den Kopf und schaut ernst zu mir rüber.

«Das ist sehr nett. Aber unsere Zahnbürstchen warten zu Hause auf uns!», sage ich.

«Zahnbürsten? Ich habe welche, sogar ganz neue. Ganz ungebrauchte.»

Dieser Mann scheint für alles den richtigen Spruch zu haben. Soll ich heute Nacht in dieser wunderbaren Wohnung bleiben? Nein, das würde nicht gut gehen, nicht jetzt. Ich bin schliesslich geschäftlich hier und nicht zum Spass.

«Nein. Vielen Dank, dass wir bei dir bleiben können, aber es geht nicht. Wirklich nicht. Es war ein wunderbarer Abend, vielen Dank. Aber jetzt müssen wir fahren. Wirklich!»

Harte Worte, die mich wieder zur Vernunft bringen. Und er? Er reagiert enttäuscht: «Na, wenn es diesmal nicht geht, dann eben das nächste Mal?»

Ich raffe meine Sachen zusammen, werfe mir den Rucksack über den Rücken. Er haucht mir zärtlich einen langen Kuss auf die Wange, lässt ihn leicht zu meinem Mund rutschen.

«Bis bald, Anja.»

Dann lässt er seine Tür in den Rahmen fallen. Lea ist wütend. Sie kann sich nicht mehr halten, knallt die Autotür zu und brüllt mich an:

«Anja, das ist ein Macho, wie er leibt und lebt. Er spricht zwar, als sei er keiner, aber er ist genau das Gegenteil. Ich wette mit dir, im

Innersten ist er ein arroganter Affe!» Sie kreischt fast.

«Lea, aber ...»

«Genau. Das ist er. Ein arroganter Affe. Wie der einen mit seiner süsslichen Stimme einlullen kann. Wie der einem Geschichten erzählt. Okay, die sind ja ganz amüsant. Aber immer spricht er nur von sich. Ich. Ich. Ich. Bist du denn plötzlich taub geworden, Anja?»

«Lea, aber er ist doch ...»

«Genau das ist er nicht. Er ist nicht so, wie er spricht. Er ist ein mit allen Wassern gewaschener Verführer, dem kein einziges weibliches Wesen heilig ist. Der nimmt sie und wirft sie weg. Wie sein Rotztuch. Oder wenn du das lieber hören willst: wie ein Tempo-Taschentuch. Ex und hopp.»

«Also so habe ich den heutigen Abend echt nicht empfunden.»

«Du bist doch blind, Anja. Absolut blind. Der hat dich doch schon in den ersten Sekunden voll rumgekriegt. Erst verschwindet er, um sich seine Haare zu föhnen. Na, so was! Er lässt dir Zeit, dich in seiner Wohnung umzusehen. Damit hat er dich doch schon gekapert. Du und die Wohnung. Du hättest dich mal sehen sollen, wie du alles angegafft hast.»

«Die Wohnung ist aber auch wirklich

schön.»

«Da lebt doch kein normaler Mensch drin. Alles ist doch nur auf eine Person ausgerichtet. Auf ihn. Auf sein Leben als Egoist. Oder hast du auch nur irgendwo einen Gegenstand entdeckt, der auf irgendein anderes Wesen als ihn hinweist? Nichts, gar nichts. Alles bedeutet nur: ich, ich, ich!»

«Grosse Künstler sind eben anders als wir ...»

«Grosse Künstler? Dass ich nicht lache. Dass ich mich nicht gleich verschlucke. Das, was er von sich gegeben hat, war doch alles nur Show. Er ist ein Showman, und das bleibt er auch als Privatmann. Mensch Anja, ich hätte nicht gedacht, dass du so blöd sein kannst und auf den Kerl reinfällst.»

«Ich bin doch nicht auf ihn reingefallen. Wir beide haben doch noch rechtzeitig die Kurve bekommen. Sonst würden wir ja jetzt nicht hier in meiner alten Gurke sitzen und nach Hause düsen.»

«Du hast doch nicht mehr alle Tassen in der Birne. Mensch Anja, du hättest dich sehen sollen.»

«Was habe ich denn schon Grosses gemacht?»

«Wie konntest du dem nur deine Hand hinhalten? Damit er ständig daran rummacht.»

«Na, so schlimm war es auch wieder nicht.»

«Das ist doch das Letzte, was ich mir da anhören muss: Der Kerl weiss doch gar nicht mehr, wie viele Weiber er schon in seinem Bett hatte.»

Schweigend blicke ich auf die fast leere Autobahn. Vielleicht hat Lea ja recht. Ich hätte ihm wirklich nicht gleich meine Hand hinstrecken müssen. Aber ich will das jetzt nicht hören.

«Halt jetzt einfach den Mund, Lea. Bitte, tu mir den Gefallen: Halt einfach deinen Mund. Okay?»

VI

Es ist Winter. Kurz vor Weihnachten. Immer wieder quält mich der Gedanke, ob Udo privat wirklich der Egoist ist oder, wie Lea sagte, ein arroganter Affe? Ich rufe ihn an. Ich will es wissen.

«Du, ich muss dich sehen.»

Deutlicher kann sich keine Frau anbieten.

«Anja, ich fliege morgen schon wieder nach Hamburg. Wir können uns aber heute Abend noch sehen, wenn du möchtest. Wir können was essen gehen.»

Ich schlucke leer, darauf bin ich nicht gefasst.

«Okay. Ich bin gegen 21 Uhr bei dir.»

Wieder trage ich Jeans. Ich habe nicht vor, ihn durch aufreizende Kleidung zu verführen. Ich möchte ihn besser kennenlernen, ihn genau und konzentriert beobachten. Ist er wirklich ein Macho, ein arroganter Affe, einer, der glaubt, jede rumzukriegen? Er steht in beigem Mantel, schwarzen Jeans, orangem Seidenhemd und bunter Krawatte vor mir. Drei obligate Küsschen.

«Magst du Hühnchen?»

«Mag ich.»

Wir gehen ein Stück zu Fuss. Seine schnellen Schritte bringen mich zum Schnaufen. Zwei Passanten erkennen ihn, deuten auf uns.

Ich drehe mich um. Er geht interesselos daran vorbei. Er scheint solche Dinge gewohnt zu sein. Kurz vor dem Taxistand bleibt er an einem Bancomaten stehen und greift in seiner Manteltasche nach seiner Bancomatkarte. Ich stehe neben ihm. Schnell tippt er seine Code-nummer ein, zieht die Scheine aus dem Fach.

«Okay. Es kann losgehen.»

Es kribbelt in mir. Ich bekomme einen Schweissausbruch. Und das bei Temperaturen um den Gefrierpunkt. Er lächelt mich an, öffnet mir die Taxitür.

«Zu Emilio», sagt er dem Taxifahrer, der in gebrochenem Deutsch antwortet: «Ich heisse nicht Emilio.»

«Hören Sie zu, ich sage es Ihnen ganz langsam: Wir wollen zu Emilio, dem spanischen Restaurant am Stauffacher.»

«Emilio, Stauffacher», wiederholt der Mann. Immer noch ahnungslos.

«Gut. Dann fahren Sie uns einfach zum Stauffacher.»

«Stauffacher. Ja, Stauffacher», sagt der Mann und gibt endlich Gas.

An dem tristen Platz mit den vielen Schuh-geschäften und den farblosen Hochhäusern steigen wir aus. Udo reicht dem Mann einen Schein. «Stimmt so.»

Wir gehen einige Meter. Er hakt sich bei mir

ein, schon sind wir bei «Emilio». Dort saust sofort der Chef höchstpersönlich herbei, nimmt seinen Mantel, dann meinen, freut sich: «Wie schön. Sie sind wieder da.»

Vorbei an staunenden Gästen werden wir von Emilio zu einem weiss gedeckten Ecktisch geführt: «Ich weiss doch, was mein Lieblingsgast will», sagt er und zwinkert mir zu.

«Na», schiesst es mir durch den Kopf. «Anja, da bist du nicht die Erste und Einzige, mit der Udo hier getafelt hat.»

Er bestellt für uns Hühnchen mit gebratenen Nudeln, dazu einen spanischen Rioja. Noch bevor wir uns etwas sagen können, winkt er einen Kellner herbei: «Bitte stellen Sie doch die Musik etwas leiser. Wer isst, der isst und hört keine Musik.»

Lange sehen wir uns schweigend an.

«Weisst du, Anja, ich will ganz ehrlich zu dir sein: Ich blicke in unserer Beziehung nicht durch. Eigentlich bin ich derjenige, der sagt, wie was wann und wo passiert. Mit dir ist das umgekehrt. Zudem finde ich unsere Situation komisch. Wir sind uns fremd, aber trotzdem irgendwie so nah ...»

Ich nehme mein Glas Rioja in die Hand und proste ihm zu. Habe ich doch gerade Worte aus seinem Mund gehört, die ich nie mehr vergessen werde.

«Nun gut, Anja. Jetzt mal die Karten auf den Tisch. Erzähl mir mehr von dir. Hast du einen Freund?» Ohne auf eine Antwort von mir zu warten, fügt er an: «Ich könnte mir keine Partnerschaft mehr vorstellen, in der die Frau nicht mindestens 25 Jahre jünger ist als ich.»

Er zieht seine Lesebrille von der grossen Nase und mustert mich mit seinen braunen, tiefliegenden Augen. Das erste Mal in meinem Leben wünsche ich mir, hübscher und vielleicht ein paar Jahre älter auszusehen.

Dann sagt er: «Weisst du, Anja, ich wünsche mir ab und zu auch eine wirkliche Beziehung. Aber in so einem Leben wie in meinem ist das ganz schön schwierig.»

Und dann nimmt er meine Hand in seine und beginnt zu reden, schüttet sein Herz vor mir aus.

«Ach Anja. Mir wird so viel unterstellt. Frauenheld oder nicht? Anja. Ich bin Musiker. Meine Liebe und Gefühle für Frauen sind nicht alt geworden, im Gegenteil, ich bin mir dessen nur bewusster geworden. Und ich bin auch wählerischer geworden, was ich für mich nur als positiv empfinde. Ich bin überzeugt, dass echte Liebe nicht manipulierbar ist. Selbstverständlich unterscheide ich Liebe und blosse Schwärmerei. Viele Frauen schwärmen für mich. Der Wunsch, im Rampenlicht zu stehen, gesehen zu werden, ist für viele Frauen wichtiger als der Mensch dahinter. Und wenn ich ganz ehrlich bin: Aus der Summe der Lebenserfahrungen lernt man vielleicht irgendwann was. Doch was? Man wird vorsichtiger, man vergleicht, man hat mehr Angst vor sich und den anderen. Doch in der Liebe? Wie oft habe ich mir nach einer gescheiterten Liebesbeziehung zu einer Frau gesagt: ‹Das mach ich nie wieder.› Diesen Vorsatz hielt ich so lange durch, bis das nächste Augenpaar mich anstrahlte und ich mich aufs Neue verliebte und wieder im süssen Sumpf der Liebe versunken bin. Ich glaube ganz ehrlich, dass ein Mann niemals eine Frau wirklich besitzen kann, nicht wirklich, möglicherweise für eine bemessene Zeit, nie für immer. Aber ich bin überzeugt, ein fairer Partner für eine Frau zu sein. Nicht nur das, ich weiss auch Freundschaften zu Männern zu schätzen. Ich mag eben wie viele andere auch das seichte Gespräch über Fussball, mag das Gequatsche und das Gegröle, wenn man ein Glas zu viel getrunken hat. Ich werde wohl nie erfahren, wie oft ich Frauen unglücklich gemacht habe. Auch ich habe oft Phasen der Niedergeschlagenheit, der Depression, die oft keinen erkennbaren Ursprung haben. Doch da bleibt immer der Funke Hoffnung, mein Humor. Humor kann ich immer wieder tief unten in meinem Herzen finden. Ich kann heute noch rumalbern wie damals als kleiner Bub. Ich bin nicht resigniert. Im Gegenteil. Wenn es mich mal wieder packt, denke ich an meine Anfangszeit. Nichts hatte ich da auf dem Konto. Viele Jahre lebte ich von der Hand in den Mund. Damals wollte keine müde Seele mich singen hören. Heute treten wir Künstler für Geld auf der Bühne auf, und das halte ich für legitim. Aber vieles, was mir angeboten wurde, habe ich nicht gemacht. Ich würde nicht, um meinen Seelenfrieden zu erkaufen, jemanden nötigen etwas zu tun, was er nicht tun möchte.

Ich bin im Grunde immer noch ein Kind. Und ich bin ein guter Freund. Freundschaft halte ich für eine wichtige Sache. Der Mensch braucht Menschen und ist ein Wesen, das in der Herde lebt. Alles, was Menschen tun, ist auf andere Menschen zugerichtet. Wir können ohne einander nicht sein. Der Mensch lebt für den anderen Menschen, alles ist Dienstleistung. Jeder Beruf ist auf andere Menschen ausgerichtet, deshalb braucht der Mensch Menschen. Die ehrlichste Form des Bekenntnisses zum anderen Menschen ist die

Freundschaft. Wobei, auch das muss ich zugeben, Freundschaft mit Frauen durch die Intimität schwierig werden kann. Sobald Sexualität oder Liebe dazukommt, kann es sehr schwer werden. Es ist dann besser, wenn man irgendwann das Sexuelle überwindet und sich auf die Freundschaft besinnt, sonst besteht die Gefahr, dass die Freundschaft jederzeit und unmittelbar zu Ende gehen kann, weil es nicht verziehen wird, wenn eine andere Beziehung zu einer anderen Frau eingegangen wird. Das ist mit Sicherheit die schwierigste Form. Freundschaft zu Frauen ohne Bett ist die leichteste Form, weil die Gefahr, dass das Bett die Freundschaft zerstört, ausgeschaltet ist. Deshalb finde ich es auch so schön, mit Frauen befreundet zu sein, wenn das Körperliche mal überwunden ist.»

Längst haben wir Kaffee und Desserts hinter uns. Udo blickt ins Leere, streichelt automatisch meine Hand. Was ist Zeit?, frage ich mich. Kann ich sie greifen? Jetzt, heute und hier? Kann ich sie anhalten, wenn ich es nur will? Kann ich aus der Gegenwart eine Zukunft mit Vergangenheit zaubern? Ist meine Zukunft nicht längst seine Vergangenheit?

Plötzlich steht der Taxifahrer, den wir beide vergessen haben, an unserem Tisch. Er schimpft: «Was denken sie, hä? Ich warten auf Sie schon halbe Stunde. Sie meinen, Sie Bundesrat oder was?»

Udos Laune verändert sich in Bruchteilen einer Sekunde.

«Nein, aber mein Name ist Udo Jürgens.»

«Interessieren mich nicht. Wer ist Jürgens? Kenne nicht. Ich gehen nun.»

«Warten Sie, wir kommen.»

So habe ich ihn noch nie gesehen. Dass er nicht erkannt wurde, wirft ihn aus der Bahn. Sein braunes Gesicht ist blass geworden, sein Charme verschwunden. Ich öffne die Taxitür selbst. Während der Fahrt nimmt er meine Hand. Sie ist kalt.

«Fühlst du dich wohl?», fragt er.

Ich sehe ihn an und lege meinen Kopf auf seine Schulter. Im Autoradio läuft «Glory of Love». Er singt leise mit und streicht mir sanft durchs Haar. Ob er sich wohlfühlt? Was denkt er jetzt? Ich hätte so viele Fragen an ihn, doch ich schweige.

«Willst du lieber heimfahren oder kommst du noch mit hoch?», fragt er mich, als wir vor seiner Tür stehen.

«Ich denke, ich fahr dann mal. Zudem, Tennis läuft im Fernsehen, das siehst du dir doch gerne noch an.»

Und ich habe Angst. Angst, allein mit ihm in seiner Wohnung zu sein. Ernst sieht er mich an, nimmt mich in seine Arme. Mein Herz schlägt im Dreivierteltakt. Natürlich möchte ich bei ihm bleiben, jetzt, hier und heute. Doch was will ich denn von ihm? Er wird mich genauso benützen, wie er alle anderen vor mir benützt hat. Wenn er mit mir geschlafen hat, wird er nicht mehr anrufen. Weil eine Neue, eine Jüngere auf ihn wartet. Will ich das? Ist mir der Schmerz, der danach kommt, ein Augenblick der Ewigkeit wert? Und überhaupt: Welcher Idiot stellte eigentlich die Regel auf, dass der erste Mann im Leben einer Frau nie vergessen wird? Das ist ja wohl der grösste Unsinn, den ich in meinen jungen Jahren je gehört habe. Lea hat mir einen Zeitungsartikel darüber mit auf den Weg gegeben, den ich doch besser nicht gelesen hätte.

«Anja? Kommst du?», reisst mich Udo aus meiner Gedankenwelt und hält mir dabei elegant die schwere Glastüre auf. Er lächelt dabei sein Lächeln, und wie selbstverständlich steige ich mit ihm in den Fahrstuhl.

VII

«Was trinkst du? Einen Gin Tonic, Anja?» Ich nicke. Wir prosten uns zu. Er lässt sich auf die Couch fallen und streckt seine Beine auf die gegenüberliegende Sitzfläche. Ich sitze nervös neben ihm und blicke durchs grosse Fenster in die nächtliche Stadtruhe. Überall brennen Lichter. Er greift nach der Fernbedienung und schaltet den Fernseher ein, der geschickt über einem Fenster angebracht ist. «Ich will mir nur kurz den aktuellen Tennisstand ansehen.»

Ein Mann wie jeder andere. Jetzt fehlen nur noch die Flasche Bier und die Salzstangen. Er legt seinen Nacken nach hinten auf die Kopflehne und sucht wieder nach meiner Hand. Ganz sacht und zärtlich hält er sie. Wortlos lasse ich es geschehen. Er streichelt meine Hand und starrt dabei in die Glotze. In der spielen im fernen Florida zwei Mädchen Tennis. Die eine, Steffi Graf, die mag er: «Ein wunderbares Mädchen. Ich war mit ihr und ihrem Vater, bevor er im Knast war, mal Essen. Aber so schüchtern ist die, so zerbrechlich, als könnte man durch sie hindurchsehen.»

Toll. Ich sitze neben ihm und er schwärmt mir von einer deutschen Tennisspielerin vor. Ich versuche, mich von ihm zu lösen. Ohne

Erfolg. Mein Herz klopft bis zum Hals. Ich will nicht mit ihm ins Bett. Er sieht mich an, sagt kein Wort, als ob er meine Gedanken lesen kann.

«Ich will nichts Falsches tun. Versteh das doch», sage ich zu ihm.

Noch immer sieht er mich mit seinen braunen, grossen Augen an. Er lächelt und versucht, mich zu küssen. Ich sträube mich. Doch er lässt nicht locker. Jetzt, jetzt küsst er mich wieder. Und ich habe das Gefühl, gleich den Boden unter den Füssen zu verlieren. Jetzt lasse ich es zu: Sein Kuss ist wunderbar zart, seine Berührungen kommen mir schöner vor als in jedem zuvor geträumten Traum.

«Er ist schon fast 60 Jahre alt, Anja», warnt mich eine innere Stimme. Dann stosse ich ihn abrupt von mir weg: «Ich will nicht mit dir schlafen. Wirklich nicht.»

«Müssen wir ja nicht», sagt er, küsst mich auf die Nasenspitze und guckt über meinen Kopf hinweg Tennis. Ich greife nach meinem Glas und genehmige mir einen Mega-Schluck. Wieder nimmt er mich in die Arme und küsst mich: «Anja? Gehen wir rüber?»

Was meint er mit rüber? In sein Schlafzimmer? Nein, auf keinen Fall. Spätestens dort bin ich verloren. Da klingelt wie auf Kommando sein Telefon.

«Scheisse», flucht er. Dann verschwindet er samt Telefonhörer ins Schlafzimmer nebenan. Die Tür steht offen. Wieder blicke ich durchs Fenster in die unendliche Weite. Ich hänge meinen Gedanken nach. Verschränke die Arme hinter meinem Kopf, blicke auf die helle Stuckdecke, auf seinen Flügel, dann auf die Bilder seines Bruders. Ich bin mit mir in Einklang.

«Anja», ruft er mich mit tiefer Stimme.

Ich liebe es, wenn er meinen Namen so lang ausgedehnt, so sonor ausspricht, und lasse ihn meinen Namen nochmals rufen.

«Anja, wo bist du?»

Wo sollte ich denn schon sein? Ich sitze da, warte auf ihn. Langsam schäle ich mich aus meinem Sitz, gehe zur Schlafzimmertür. Und gucke rein. Eine Leinwand ziert die eine Wand, auf der Bilder hin und her springen: Udo zappt sich bereits wieder durch Programme. Ein riesiger Spiegel ist hinter dem breiten Bett angebracht. Auf dem Nachttisch ein Bild von ihr. Sie ist hübsch, jung und blond. Seine offizielle Freundin ist also immer bei ihm, sogar bei seinen Seitensprüngen.

«Liebst du sie?», frage ich ihn und deute auf das Schwarz-Weiss-Foto neben dem Bett.

Als Antwort bekomme ich nur eine knappe Handbewegung, er winkt ab. Was so viel heisst wie: Ich will nicht darüber sprechen, und im Übrigen geht dich das gar nichts an.

«Komm zu mir. Bitte, komm doch zu mir.»

Mit langsamen Schritten gehe ich auf ihn zu und steige wie ein kleines Kind über ihn auf die andere Bettseite.

Wieder lächelt er.

«Mach's noch einmal.»

«Was soll ich machen? Ich tue doch alles für dich, wenn es sein muss.»

«Mach's noch einmal.»

«Was? Verrate mir doch das Geheimnis.»

«Lächle noch einmal. Nur für mich.»

Udo, der alte Mann, hat den Körper eines Jünglings. Kein Gramm Fett um die Hüften, ob er sich das wohl hat absaugen lassen? Auch Hängebacken und ein Doppelkinn hat der fast 60-Jährige nicht. Und auch seine Beine zeigen, das er täglich schwimmt und sich fit hält.

«Komm! Lächle noch einmal. Nur für mich.»

Und als stünde er auf der Bühne, wiederholt er sein Lächeln. Auf die Falte genau.

«Gut so?»

Gut so! Ich streichle seine Haare, seine Stirn, seine Nase, sein Gesicht, seine Ohren, seinen Hals, seinen Nacken. Wir küssen uns. Erst kurz, dann lange. Wir liegen fest ineinander verschränkt, er berührt lange meine nackte Haut, küsst sie überall. Ob er Aids hat? Ein Abenteuer könnte reichen. Das Risiko bei seiner Vergangenheit ist sicher gross. Panik macht sich breit. Doch er lenkt mich immer wieder ab. Er geniesst jede Sekunde, schaltet die Gedanken aus und erzählt mir seine geheimsten Wünsche:

«Am liebsten mag ich die Liebe mit zwei Frauen. Ich habe sie schon erlebt, ihr Frauen liebt viel zärtlicher und liebevoller als wir Männer. Meine Güte, Anja. Du kommst so nah an mich ran. Ich lasse es schon lange nicht mehr zu, dass eine Frau, so wie du jetzt, so tief in meine Seele blicken darf. Mittlerweile steige ich in keinen Lift mehr, in der eine Frau allein mit mir ist, aus Angst, sie könnte mir unterstellen, dass ich sie belästigt habe. Glaube mir, Anja, du bist etwas Besonderes für mich. Es ist schön, es ist wunderschön mit dir, Anja ...», meint er mit leiser Stimme, während im Fernsehen vor uns der Liebesfilm «Stimmen der Liebe» läuft.

«Bist du verliebt in mich?», frage ich ihn zwischen zwei Küssen.

«Was für grosse Fragen in dieser Sekunde, Anja ...»

«Ist für dich denn Sex ohne Liebe möglich?»

«Das sind doch keine Fragen zu dieser

Stunde.»

«Gibt es denn eine Frau in deinem Leben, für die du je geschwärmt hast?»

«In jungen Jahren träumte ich von Rita Hayworth. Eine bezaubernde amerikanische Schauspielerin und Tänzerin, man nannte sie auch die Liebesgöttin. Leider habe ich sie nie persönlich getroffen. Sie lebt heute nicht mehr.»

Udo wirkt nachdenklich, fast melancholisch. Ich mag es, wie er mit geschlossenen Augen in meinen Armen liegt.

«Also für mich ist Sex ohne Liebe nicht vorstellbar.»

«Für mich, wenn ich ganz ehrlich bin, eigentlich auch nicht. Obwohl: Oft reicht bei mir schon ein bisschen Verliebtsein dafür. Mein Gott, das ist eben bei Männern anders als bei Frauen.»

«Wirklich?»

«Anja, ich habe jetzt keine Lust auf Grundsatzdiskussionen. Diese Fragen habe ich bis zum Erbrechen in Hunderten von Interviews beantwortet. Und ich habe jetzt wirklich keine Lust, in meinem Bett auch noch ein Interview zu geben.»

Er dreht sich leicht von mir weg, aber ohne mich wirklich zu verlassen. Er verschränkt seine Hände hinter seinem Kopf, blickt gegen die Decke, dann kann er einfach nicht mehr schweigen.

«Anja, ich glaube, ich muss dir doch einiges sagen. Okay, ich bin älter als du. Aber das spielt nun wirklich keine Rolle zwischen uns. Durch die vielen Jahre, die ich allein gelebt habe, habe ich natürlich meine Erfahrungen mit Frauen gemacht. Und glaube mir: Ich habe alle Frauen, die ich in meinem Leben hatte, irgendwo immer geliebt. Sicher: Es war nicht immer die ganz grosse Liebe. Nicht die, die bis ans Lebensende halten kann. Doch was hält schon bis ans Lebensende. An diese grosse Liebe bis zum Tod, die man sich mit zwanzig schwört, kann ich nicht glauben.»

«Aber die grosse Liebe, die Liebe des Lebens, die gibt es!»

«Nein, Anja. Jeder Mensch durchlebt in seinem Leben viele Leben, ich meine Lebensabschnitte. Das ist genau das, was ich bei Emilio zu erklären versuchte. Der Mensch macht neue Erfahrungen. Er wirft alte Erfahrungen über Bord. Er verlässt viele Freunde, wie ihn selbst viele Freunde verlassen. Das ist nun mal ein Naturgesetz. Alles ist im Wandel. In Wirklichkeit steht nie etwas wirklich still. Ganz besonders nicht wir Menschen.»

«Und doch glaube ich an die grosse Liebe.»

«Ich auch. Immer wieder. Es gibt nichts Besseres, nichts Schöneres als die Liebe.»

Ich schweige. Betrachte ihn von der Seite. Will mir jeden Millimeter seines Körpers einprägen, um ihn später immer wieder in meiner Fantasie sehen zu dürfen. Ich bin versunken, versunken in einer Welt, in einer realen Traumwelt, die ich nicht fassen kann und in der ich doch mittendrin stecke.

«Mal ehrlich Anja: Du hast Angst, dass ich Aids habe, stimmt's?»

«Okay, ich habe Angst vor Aids. Mein Gott, welche Frau mit etwas Hirn hätte das nicht bei dir. In fast jedem Interview brüstest du dich, mit wie vielen Frauen du schon Sex hattest, dass du nie einer Frau nachgelaufen bist, und dann spielst du das Unschuldslamm und fragst mich: Hast du Angst, dass ich Aids habe?»

«Dann darf ich dich beruhigen: Ich habe einen Aidstest machen lassen. Und zwar nicht nur einen, sondern schon mehrere. Und ich weiss: ich habe kein Aids.»

«Da bist du bei deinem Lebenswandel ja noch einmal gut weggekommen.»

«Ach Unsinn. Ich halte vieles, was da in Zeitschriften und Zeitungen steht, für masslos übertrieben. Genau so, wie die über mich schreiben und das Blaue vom Himmel herunterlügen, wird es sich wohl bei anderen

Themen auch verhalten.»

«Du glaubst also nicht daran, dass Aids die grosse Seuche des dritten Jahrtausends sein wird?»

«Nein, daran glaube ich nicht. Schau mal: Vor fünfzehn Jahren hatten die Medien plötzlich Herpes entdeckt. Meine Güte: Jedes Mädchen, dass mal einen kleinen Pickel an der Oberlippe hatte, dachte gleich: Oh Gott, jetzt muss ich wohl bald sterben: Ich habe Herpes. Dann hatten sie das Waldsterben entdeckt. Zugegeben: Unser Wald ist krank, aber wenn er gestorben wäre, wie das die Medien geschrieben haben, dann hätten wir zwischen Kärnten und Finnland heute schon keinen einzigen Baum mehr. Und nun haben sie eben Aids entdeckt. Wobei ich festgestellt habe, dass die grosse Euphorie mit den Aids-Themen schon wieder vorbei ist. Zur Zeit haben sie die Gentechnologie dran, und wieder hält sich jeder Schreiberling für einen grossen Experten und pinselt einfach das hin, was dem Publikum möglichst grosse Angst machen soll.»

«Magst du Journalisten nicht?»

Udo stützt mit der Hand seinen Kopf und lässt wie ein Schauspieler seine Augen rollen: «Wie kann ich Ihre Frage deuten? Ist es richtig, wenn ich annehme, ich kann antworten, ohne Sie zu meinen?»

«Sag's mir einfach.»

«Ich mag Journalisten nicht. Das hat seinen einfachen Grund darin, dass ich garantiert ein guter Journalist geworden wäre, wäre ich nicht Musiker geworden. Ich liebe den Journalismus, aber ich mag die Menschen nicht, die diesen Beruf ausüben. Sie haben keine Ethik mehr, keinen Anstand, respektieren andere Menschen, andere Meinungen und auch das Privatleben von uns Prominenten nicht.»

«Da seid ihr aber selbst schuld, ihr Prominenten. Wollt ihr eine CD, einen Film oder sonst was verkaufen, dann schmeisst ihr euch wie die Fliegen an die hungrige Journalistenmeute ran. Wenn ihr aber mal Scheisse baut, dann sollen wir schweigen. Denn das ist dann plötzlich wieder eure Privatsphäre.»

«Ich sehe das ganz anders. Und damit beenden wir das Thema.»

Udo kann Kritik an seiner Person nicht ertragen. Er ist sensibel wie kaum ein anderer. Das fühlte ich schon in vielen Situationen.

«Ach' komm, Anja. Weg mit diesen blöden Gedanken. Lass uns gemeinsam den Abend und die Nacht geniessen. Da haben wir mehr davon als von den grossen Fragen, die wir beide doch nicht beantworten können.»

Dann zieht er mich sanft an sich, bis kein Löschblatt mehr zwischen uns Platz hat.

Am nächsten Morgen küssen wir uns lange an seiner Haustür und sagen «Bis bald.» Er sagt noch: «Anja, du hast zu viel *red lipstick* auf deinen Lippen! Das passt nicht zu deinem hellen Teint. Aber das nur nebenbei. Hör zu. Ich bin nun vier Tage in Deutschland. Über Weihnachten bin ich aber wieder hier. Du kannst mich jederzeit anrufen, wenn du mich sehen möchtest, okay?»

Als ich mit dem Auto nach Hause fahre, pocht mein Herz wie rasend. Weihnachten mit ihm? Udo hat doch selbst Kinder und eine offizielle Freundin. Ist das Realität? Oder nur Wunschdenken? Meint er das wirklich? An der nächsten Autobahnraststätte mache ich Halt und werfe meinen teuren, knallroten Lippenstift von Christian Dior in den Mülleimer neben der Tanksäule. Ich finde, Udo hat recht. Von nun an werde ich mich dezenter schminken. Zu Hause angekommen, treffe ich meine Mutter am Telefon an. Während ich meinen Mantel an die Garderobe hänge, höre ich sie reden: «Sie haben ja so recht. Da muss man wirklich immer in Sorgen sein um seine Liebsten. Nicht genug kann man sich Sorgen machen. Ja, ich verstehe Sie. Es geht mir wie Ihnen.»

Als ich wissen will, mit wem Mutter telefoniert, winkt sie ab, redet einfach weiter: «Aber sicher, auch da haben Sie recht. Mein Gott, wenn ich mir das nur vorstelle. Nur gut, dass unsere Kinder da anders sind ...» Dann sagt sie gut gelaunt: «Ja, auch da haben Sie recht. Nun gut. Ja, ich sage es ihr. Auch Ihnen noch einen schönen Tag.»

«Mit wem hast du denn da geredet, Mama?»

«Oh, das war Udo Jürgens. Er wollte wissen, ob du gut nach Hause gekommen bist.»

«Wie bitte? Und was um alles in der Welt hat er dir erzählt?»

«Wir haben über Gott und die Welt gequasselt», sagt meine Mutter. «Er hat mir von seiner Tochter erzählt. Ich ihm von meiner. Er kennt ja die Probleme auch, die man mit einer jungen Tochter hat.»

«Welche Probleme haben wir denn?»

«Beziehungen eben», meint Mama und verschwindet in der Küche.

VIII

Ich weiss, dass Udo sich bald melden wird. Denn er hat mir versprochen, mich spätestens am Tag, an dem seine Mammut-Tournee beginnt, anzurufen.

Und tatsächlich: Die Nacht, bevor sich der Vorhang seiner Tournee-Premiere hebt, klingelt das Telefon: Udo. Er ist aufgeregt, nervös.

«Nichts klappt. Ich bin wie ein Vollblüter vor dem Rennen. Habe Magenkrämpfe, weil ... ach, es wird schon klappen.»

«Es hat doch bisher immer geklappt.»

«Ja. Aber auf gestern darf sich ein Künstler, der auch morgen noch Erfolg haben will, nie verlassen. Du musst heute das Beste geben, damit die Menschen dich auch morgen noch hören und sehen wollen.»

«Ich weiss: Du schaffst es. Garantiert.»

Dann herrscht lange Zeit Stille in der Leitung.

«Anja?»

«Ja.»

«Anja, also ...»

«Also was?»

«Nun, ich bin ja jetzt einige Zeit unterwegs. Und ich meine, da sollten wir uns doch unbedingt mal sehen.»

«Ja, sicher.»

«Es muss ja nicht Hamburg sein oder eine

Stadt im Norden, weit weg von dir.»

«Nein, das muss es nicht.»

«Lass mich erst mal mein Programm in den ersten Tagen richtig in den Griff bekommen. Dann melde ich mich bei dir. Und dann kommst du. Abgemacht?»

«Abgemacht.»

«Ich freue mich, Anja.»

Zürich. Das Konzert im Hallenstadion, das eigentlich ein «Heimspiel» für ihn sein könnte, liegt dem Meister schwer auf dem Magen.

«Zürich ist ein verdammt hartes Pflaster für jeden Musiker», sagte er mir beim letzten Telefongespräch. «Das ist eine verwöhnte Stadt mit einem verwöhnten Publikum. Wenn du die zum Klatschen bringst, dann hast du was erreicht. Die sitzen da und werden von dir berieselt mit allem, was du kannst. Aber belohnen mit Applaus, das wollen sie nicht. Dazu sind sie einfach zu arrogant. Das haben die Zürcher nicht notwendig. Doch ich will es diesmal schaffen, dass dieses arrogante Völkchen am Ende des Konzertes aufsteht und um Zugaben brüllt. Ich weiss, wenn ich gut drauf bin, dann packe ich sie dort, wo auch bei denen das Gefühl sitzt.»

Um sich auf das Zürcher Konzert vorzubereiten, erholt sich Udo von den Strapazen der letzten Konzerte im wunderschönen alten

Hotel «Viktoria Jungfrau» in Interlaken, zwischen Thuner- und Brienzersee.

«Weisst du, da habe ich meine Ruhe. Da ruft mich niemand vor ein Uhr mittags an, wenn ich aufstehe. Da kommt der Masseur vom Hotel, knetet meine verspannten Muskeln durch, ich kann mich auf die Terrasse setzen, die Berge in der Ferne betrachten und gegenüber das alte Haus von Herbert von Karajan sehen. Das ist meine Inspiration.»

Von hier ruft mich Udo an. Noch bevor ich den Hörer abnehmen kann, schaltet sich mein Anrufbeantworter ein mit Udos Lied «Warum nur, warum».

«Anja, hallo! Ich bin's. Finde ich ja toll, dass du meine Musik auf deinem Anrufbeantworter hast. Ich bin in Interlaken im Hotel Viktoria. Vielleicht magst du mich hier besuchen? Ich ruf später nochmals an.»

Udo weiss, dass Interlaken mein «Heidiland» ist. Auch wenn ich weiss, dass das wirkliche «Heidiland» weiter östlich liegt, an der Grenze zwischen Glarnerland und Engadin. Kurzentschlossen düse ich zu ihm. Die Japaner sind wieder da, die hier gerne heiraten und im Hochsommer in Restaurants sitzen und lernen, wie man Käsefondue schnabelt. Ob Udo wohl in Begleitung ist? Ich umkurve das «Viktoria», finde schliesslich einen

Parkplatz an der Parkpromenade. Dann hole ich tief Luft. Wird er sich freuen, mich zu sehen? Wird er mich nicht gleich rauswerfen, weil er ein anderes Mädchen bei sich hat? Aber er hat doch gesagt, dass ich ihn besuchen soll! Aber ist er nicht viel zu nervös, um mich zu ertragen? Er bereitet sich doch auf sein Konzert in Zürich vor. Vor Tausenden von zahlenden Zuschauern. Ich betrete die wunderschöne Hotellobby und gehe zur Réception.

«Guten Abend. Würden Sie mir bitte die Zimmernummer von Herrn Jürgens geben?», frage ich freundlich die Dame hinter dem Schreibtisch aus blitzblank gewienertem Mahagoni-Holz.

«Tut mir leid, meine Dame. Ich darf keine Informationen herausgeben», sagt sie kurz, wendet sich ab. Ich finde ihn auch ohne Zimmernummer. Wäre ja gelacht. Doch weder in einem der Restaurants noch im Hallenbad, noch im Fitnessraum, noch in der Sauna ist er aufzustöbern.

Verführerisch lächle ich einen Kellner an, der mir entgegenkommt.

«Ich dürfte es ihnen nicht sagen, meine Dame, aber sie sehen so aus, als ob sie ihn kennen würden?»

Ich nicke schüchtern.

«Es ist Zimmernummer 444», flüstert er.

Na endlich. Ich verschanze mich kurzentschlossen in einer der kleinen, unscheinbaren Telefonkabinen und wähle auf gut Glück die Nummer 444. Ich kenne zwar die Eigenheiten dieser internen Telefonanlage nicht, vermute aber, dass sie so funktionieren muss wie in jedem Luxushotel. Gerade als ich die schwere Hörmuschel an mein Ohr legen will, klingelt mein Handy. Nervös krame ich den Apparat aus meiner Manteltasche.

«Ja, hallo, wer ist dran?»

«Udo hier.»

«Hallo, ich wollte dich gerade anrufen. Hast du viel zu tun heute Abend?»

«Ach, noch ein kurzes Interview, dann nichts mehr. Beantworte wahrscheinlich noch Fanpost.»

«Dann hast du ja Zeit.»

«Wenn man es genau nimmt, aber wo steckst du denn?»

«Ich bin unten.»

«Wo unten? Im Hotel?», fragt er verdutzt.

«Ja ...», grinse ich.

«Dann könnten wir ja zusammen ausgehen», sagt er.

«Das wäre schön.»

«Das Interview dauert nicht lange. Kommst du nachher hoch?»

91

«Mach ich.»

Ich setze mich an die Hotelbar, bestelle mir einen Espresso. Schon nach wenigen Minuten erscheint ein älterer Portier, räuspert sich pflichtbewusst neben meiner Schulter und sagt: «Herr Jürgens bittet mich, sie zu seiner Suite führen zu dürfen.»

Im vierten Stock, nach einem endlosen Gang angekommen, drückt der Portier kurz die Klingel.

Durch die Gegensprechanlage höre ich seine Stimme: «Okay, Komm rein.»

Was für eine Suite. Was für ein Ausblick. Was für ein Luxus. Die Suite ist zweistöckig, hat einen atemberaubenden Blick auf die «Jungfrau» gegenüber. Und wie ich ihn so auf mich zukommen sehe, empfinde ich nur eines: grenzenloses Glück.

Er umarmt mich, nimmt mich an der Hand, führt mich in die Mitte des grossen, herrlich ausgestatteten Raumes und sagt: «Willkommen, Anja! Ich habe nur noch ein paar Fanbriefe zu beantworten. Dann bin ich zu allen Schandtaten bereit. Und wenn du mir dabei hilfst, geht es doppelt so schnell.»

Vor ihm gehe ich die steile Holztreppe zum 2. Stock hoch. Immer noch beeindruckt von diesem Luxus setze ich mich auf die Kante eines sicher sündhaft teuren Fauteuil.

Vor mir sitzt Udo an einem uralten Schreibtisch, kritzelt seine Unterschrift mit einem wasserfesten schwarzen Schreiber auf die Autogrammkarten, die er mir auf die andere Tischseite rüberschiebt. Dort liegen die Kuverts mit bereits vorgeschriebenen Anschriften. Ich lege die Karten in die Kuverts und klebe sie zu.

«Möchtest du was trinken? Neben dir steht die Minibar. Nimm dir, was du magst, ja?»

Ich lächle ihn an. Hoffentlich glaubt er nicht, ich sei verliebt in ihn. Aber wahrscheinlich wäre es ihm sogar egal. Vielleicht wäre er auch stolz. Vielleicht würde es ihn aber auch beunruhigen. Sofort schaue ich weg und konzentriere mich auf die Umschläge. Warum hat er denn nicht selbstklebende Kuverts gekauft oder kaufen lassen? Mühsame Sache, jedes Mal diese Schlabberei.

«Anja, das sieht nicht ladylike aus, was Du da machst. Zudem ist das doch giftig für deine Zunge.» Er setzt sich zu mir und zeigt mir, wie es ladylike geht: Udo benetzt seinen linken Zeigefinger leicht mit seiner Spucke und streicht seinen feuchten Finger langsam über die giftige Kuvertkante. Wortlos glotze ich ihn an. Hilft man dem grossen Meister, wird man noch dumm angemacht. Wenn er will, kann er seine blöden Kuverts selbst zukleben.

Oder es mir überlassen, wie ich sie zupappe. Die zwei letzten überlasse ich ihm. Er schaut mich über seine Lesebrille an. So wie es früher mein Deutschlehrer getan hat, wenn ich mal wieder eine unentschuldigte Absenz vorwies.

«Führt dieser Luxuskasten keine feuchten Schwämme?», meine ich boshaft.

Udo schweigt, sieht mich lange an.

«Warum bist du hier, Anja?»

Weil ich lernen wollte, wie man Kuverts zuklebt, liegt mir als Antwort auf der Zunge.

«Weil ich dich kurz sehen wollte», sage ich leise, aber klar und gehe die Treppe in die erste Etage hinunter, wo ich den Vorhang am Fenster zur Seite schiebe. Mein Blick schweift auf die gegenüberliegende schneebedeckte «Jungfrau». Ein majestätischer Berg. Ein Berg, ein Mythos, der mich nebst dem Eiger und dem Mönch seit meiner Kindheit fasziniert. Ich höre Udos Schritte, wie er die Treppe runterkommt. Von hinten umschlingt er mich und blickt fast einen Kopf über mir auch auf die imposante Bergkulisse.

«Du sagst immer nur kurz», meint er bitter und geht wieder hoch.

Er hat recht. Ich sage immer «kurz». Udos Körper ist trotz seiner Tournee braungebrannt. Würde ich «lang» sagen, würde es mir Angst machen. Ich steige die Treppe wieder hoch.

«Anja, vertraust du mir?»

«Ach, Udo. Vertrauen ...»

«Vertraust du mir?»

«Wenn nicht dir, wem sonst ...»

«Wirklich?»

«Du bist der Pfeiler, auf den ich meine Welt gerne bauen würde. Das hast du doch in einem deiner Lieder geschrieben. Genauso ist es.»

Er zieht mich an sich. Ich fühle, wie er stolz ist, wenn ich seine Lieder kenne, wenn ich ihn als Künstler ernst nehme.

«Anja?»

«Ja? Was ist?»

«Ich möchte gerne mit dir schlafen, Anja. Mit dir ...»

Ich erstarre. Mein Körper wird zu einem leblosen Etwas. Mein Blick wird trübe. Er sucht verzweifelt an einer Bergkuppe gegenüber Halt. Ich habe Angst, ihn zu verletzen. Und ich fürchte mich. Bis heute war ich eine schüchterne, junge Frau, die von der Liebe nur geträumt hat.

«Anja?»

«Glaube mir: Ich geniesse jeden Moment mit dir, wirklich jeden.»

«Dann sollten wir uns auch einmal wirklich

alles schenken, was wir haben.»

«Ja, das wünsche ich mir auch. So sehr, wie du dir das vielleicht gar nicht vorstellen kannst. Aber nach all den vielen Frauen in deinem Leben ...»

«Nun vergiss mal meine Vergangenheit!»

«Wer weiss schon, was der Morgen bringt ...», summe ich wieder eine Liedzeile von ihm.

«Anja!»

Der lange, schlaksige Mann setzt sich auf das grosse, weiche Bett.

«Hattest du Affären seit unserem letzten Zusammensein?», will ich wissen.

«Nicht gerade viel. Es waren nur fünf Mädchen in der Zwischenzeit. Aber ich habe kein einziges Mal mit einer geschlafen.»

Fünf Mädchen in drei Monaten. Will ich nun das sechste sein? In absoluter Trance sitze ich neben ihm. Wir schauen uns lange wortlos in die Augen. Ich versuche mir ein Leben mit ihm vorzustellen. Er ist ein liebevoller Mann, ohne Zweifel. Er kann aber auch hart, männlich und kämpferisch sein. Er reagiert oft spontan, manchmal unüberlegt, auch mal aggressiv, wütend. Aber immer ehrlich. Er passt in keine meiner Schubladen. Er ist auch flexibel, kreativ, lustig, amüsant. Er weiss, dass er populär ist, was nicht immer einfach sein kann. An seiner Seite gibt es immer wieder Neues, Unverhofftes.

Udo schmiegt sich an mich, zieht mich rücklings auf das Bett. Wir kuscheln uns unter die Bettdecke, Udo legt sein Gesicht auf meine Brust. Eine ganze Weile liegen wir nur so da. Sein Goldkettchen mit dem Violinschlüssel, der mit Diamanten besetzt ist, schlummert auf seiner Brust und hebt sich mit jedem Atemzug. Ich höre, wie eine goldene Pendule an der Wand die Sekunden schlägt und jede Viertelstunde einen leisen Gong von sich gibt. Mein Arm, in dem Udo schlummert, ist mittlerweile eingeschlafen. Ich versuche, mich sachte von ihm zu lösen.

«Woran denkst du?», frage ich ihn.

«An nichts.»

«Nicht mal an Zürich?»

«Nein.»

Ich glaube, er ist kurz eingenickt.

Mit einem Ruck rafft er sich auf, streift sich durchs Haar, lächelt mich an, grinst nach diesen Minuten absoluter Liebe ohne Sex nur: «Gehen wir auf einen Drink in die Bar runter?»

«Gute Idee», sage ich und ziehe mich ins Bad zurück. Alles in Marmor und Gold. Weisse Badetücher zentimetergenau nebeneinander. Ich habe die Badetüre offenstehen lassen. Er kommt ungeniert herein, stellt sich nackt neben mich vor den Spiegel.

«Ich mag deine weisse Haut, Anja. Und du bist zudem so wunderbar schlank.»

Jetzt kann ich seinem Charme wirklich nicht mehr widerstehen. Er ist mir nah, sehr, sehr nah. Niemand war mir je so nah wie er.

IX

«Alles klar, Anja? Möchtest du noch mit mir in die Disco?»

«Es ist zwei Uhr morgens ...»

Schon streckt er sich, schlurft barfuss vor mir ins Badezimmer.

«Ja und, die Nacht ist doch noch jung.»

Seine schwarzen, seidenen Kniesocken liegen auf dem Boden, ein ulkiger Anblick. Ich muss grinsen: Zuerst habe ich diese Dinger gehasst. Jetzt mag ich sie.

Frisch geduscht, in sportlichen Klamotten, steht Udo neben mir, schaut sich im Spiegel nochmals an. Er streift sich mit der Hand über das Hemd, das sein kleines Bäuchlein kaschiert. «Bauch einziehen!», witzele ich.

Wütend braust er auf: «Glaubst du eigentlich, ich bin ein Arsch? So ein Volltrottel, mit dem du vielleicht sonst deine Zeit verbringst? Das meinst du nämlich, wenn du so etwas sagst. Ich hasse so was!»

Dann knallt er die Zimmertüre von aussen zu und läuft mir in Richtung Lift davon. Ich bin auf einen Streit mit Udo nicht vorbereitet. Versteht er keinen Spass? Es war doch nichts weiter als ein Scherz. Dass er so reagieren würde, hätte ich mir nie vorstellen können. Wie auch? Stampfend vor Wut steht er vor der Lifttüre.

«Entschuldige, Udo.»

Wir betreten den Fahrstuhl.

«Weisst du, solche Sticheleien nerven und können eine Beziehung total zerstören», sagt er und richtet seinen Blick haarscharf an mir vorbei zur Tür.

«Haben wir denn eine Beziehung?», frage ich ihn und steige als Erste aus dem Lift.

Er zieht mich zurück in den Fahrstuhl und küsst mich leidenschaftlich, während sich die Lifttüre wieder schliesst.

An der Réception streckt Udo dem Hotelangestellten seine Post hin.

«Bitte erledigen Sie das.»

«Gerne, Herr Jürgens. Schönen Abend, Herr Jürgens.»

So liebt er es. Sein Selbstwertgefühl nimmt wieder Formen an. In der Disco tobt der Bär. Laut ist die Musik, stickig die Luft. Sofort werden wir an ein reserviertes Tischchen geleitet. Schon bestellt er für uns zwei Gin Tonics. Und dann inmitten der Musik wandelt er sich wieder. Blitzschnell ist aus dem Saulus wieder der liebenswerte Paulus geworden. Und als sei kein einziges trennendes Wort zwischen uns gefallen, erzählt er mir jetzt ohne Punkt und Komma über sein Leben, seine Liebe zu seiner offiziellen Freundin.

«Meiner langjährigen Freundin, mit der ich

nun 15 Jahre zusammen bin, bin ich innerlich immer treu geblieben. Seit drei Jahren ist sie schwer krank. Sie ist im Spital. Ich telefoniere täglich bis zu fünfmal mit ihr. Jetzt endlich ist sie auf dem Weg der Besserung. Sie ist wirklich durch die Hölle gegangen», erzählt er.

Ich bekomme immer mehr das Gefühl, dass er mir vertraut. Über seine offizielle Freundin hört man kaum etwas – zu ihrem Schutz, wie er betont.

«Manchmal würde ich gerne mit jemandem irgendwohin fahren und an der Sonne spazieren gehen», sagt er und bestellt sich einen zweiten Drink.

«Mein Gott. Du hast doch deine Freundin dafür. Was bedeute ich dir eigentlich? Bin ich nun die Nummer 1001, wie mir bald jeder und jede ansehen kann? Werde ich von dir in den grossen Topf all deiner vergangenen Amouren geworfen? Mit Marken zur Klassifizierung: sehr gut, gut oder schlecht?»

«Nein, sicher nicht Anja. Klar, ich kenne viele Frauen. Und klar, ich habe viele Bettgeschichten. Eine tiefe Freundschaft aber mit Vertrauen braucht unendlich viel Zeit, jedenfalls für mich. Für mich bist du etwas Besonderes, weil du eine intelligente, junge und hübsche Frau bist», antwortet er und sieht mich liebevoll an. Ob er diese Antwort wohl allen gibt? Bestimmt fragen ihn nicht alle Frauen, die mal eine Nacht mit ihm verbringen, danach. Blonde, lange Haare fallen auf mein Glas. Ein hübsches, junges Mädchen steht vor uns und bittet Udo um ein Autogramm. Freundlich kritzelt er seinen Namen auf einen den kleinen Zettel, auf dem «Reserviert für J.» steht.

«Sie treten am Sonntag in Zürich auf, nicht wahr?»

«Ja, genau.»

«Ich habe Karten gekauft», freut sie sich und strahlt ihn bis über beide Ohren an.

«Das freut mich sehr. Sie werden es garantiert nicht bereuen.»

«Das weiss ich.»

Sein Konzert am Sonntag habe ich ja völlig vergessen.

«Reichen dir die vier Tickets für Sonntag, Anja?», fragt er mich besorgt.

«Natürlich.»

Unsere Getränke werden, sagt uns der Kellner und lässt sich ebenfalls ein Autogramm geben, vom Hotel offeriert. Wie nett. Das ist mir noch nie passiert.

«Anja, ich habe meinen Geldbeutel im Hotelzimmer vergessen. Könntest du mir 20 Franken leihen, damit ich dem Kellner wenigstens ein Trinkgeld geben kann? Du kriegst es am Sonntag zurück.»

Bevor ich reagieren kann, schlagen meine Gedanken Purzelbäume.

«Aber bitte gib es mir unter dem Tisch rüber. Muss ja nicht jeder sehen», fügt er klar hinzu.

Mein Gott, wie lächerlich. Der Multimillionär lässt sich von einer bitterarmen Journalistin Geld unterm Tisch zustecken, weil er, wie schon so oft, mal wieder seinen Geldbeutel vergessen hat. Ich komme mir doof vor, als ich ihm wortlos die Zwanzigernote unter dem Tisch in die offene Hand drücke. Der Kellner steht schon da, lächelt verschmitzt und legt dankend meinen schwer verdienten Zwanziger in sein prallgefülltes, schwarzes Portemonnaie.

Es ist schon früher Samstagmorgen und ich muss am Nachmittag bei einem regionalen Polit-Apéro sein. Wenn ich noch ein paar Stunden Schönheitsschlaf will, muss ich mich jetzt echt sputen.

«Bis Sonntag, Anja.»

«Ja, also, bis dann.»

«Wo steht dein Auto?»

«Vor dem Hotel.»

Er ist fürsorglich. Vor dem Hotel verabschieden wir uns. Wir umarmen uns, küssen uns. Es sieht alles so normal aus. Und ist es doch keine Sekunde lang. Noch in meinem

Bett daheim rieche ich sein Parfum: Eau Sauvage. Wie immer.

Ich weiss nicht, was mit mir los ist. Ich habe das Gefühl, dass ich zu einem völlig anderen Udo Jürgens ans Konzert fahre. Zu einem der berühmtesten Musiker in unseren Breitengraden. Mein Udo von gestern ist verschwunden. Er ist einfach weg. Vor dem Zürcher Hallenstadion zücke ich meinen Presseausweis, werde auf den kleinen Parkplatz hinter der Halle gewunken. Dort erwartet mich der Pressesekretär, gibt mir und Lea einen Backstage-Pass. Ein dunkler Mercedes fährt an uns vorbei, hält. Neben mir steigen seine Ex-Frau Panja und seine beiden Kinder Jenny und John aus. Mit meiner schweren Fototasche am linken Arm betrete ich den Backstage-Bereich. Die Musiker stehen in diesem öden, langen Gang und unterhalten sich in kleinen Grüppchen. Zwei Fotografen gehen hastig an mir vorbei.

«Wo haben Sie Ihren Pass?», werde ich gefragt.

«In der Tasche. Moment, ich suche ihn.» Nervös krame ich in meinem Rucksack.

«Sie sollten sich den Pass an die Kleidung heften.»

Es sind doch lebensnotwendige Dinge, die ich bei Udo lernen kann. Dann sehe ich ihn.

Den Meister, wie er von seinen Musikern auch gerne genannt wird. Er ist nervös, hampelt hin und her. Wirkt hibbelig. Unsere Blicke treffen sich, verlieren sich sofort wieder. Dann verschwindet er im Getümmel. Die Schweizer Prominenz gibt sich die Ehre. Der Kaffeehausbesitzer, der Manager, sein Schuhverkäufer, sein Hausarzt, ein, zwei Schweizer Pop-Grössen. Und natürlich junge Teenies, die mit verstohlenem Blick vor seiner Garderobentüre stehen. Die Mädchen können nicht älter als 16 sein. Plötzlich öffnet sich die Tür. Udo sieht das erste Mädchen, grinst, gibt ihr einen dicken Kuss mitten auf den offenen Mund. Schon hat er die nächste im Visier. Bei ihr reicht ein Kuss nicht. Sie hängt sich mit ihrem fast nackten Oberkörper an den fast 60-Jährigen. Und er schleppt sie küssend und grapschend ein paar Meter bis zum nächsten Mädchen.

«Warum läufst du nicht zu ihm und sagst ihm Hallo?», fragt mich Lea, die natürlich mit mir zum Konzert gefahren ist.

«Er kommt, Anja. Nicht umdrehen», warnt sie mich plötzlich.

«Hallo Anja», sagt er trocken und gibt mir einen Handkuss.

«Salut.»

Andere bekommen einen Kuss. Ich nur

einen Handkuss. Dabei waren wir doch erst gestern – oder war es vorgestern? Ach, vergessen wir das. Wir sind wohl beide zu egoistisch, um eine anständige Begrüssung hinzukriegen. Mit einigen ausgewählten Fotografen werde ich von einem Ordner an den Bühnenrand geleitet: «Ihr könnte hier arbeiten. Aber nur während der ersten drei Lieder ist Fotografieren erlaubt. Dann ist Schluss. Sehe ich einen von euch später Bilder schiessen, nehme ich euch die Kamera und den Film weg. Ist das klar?»

Der Saal wird dunkel. Die letzten Besucher nehmen hustend ihre Plätze ein. Ich gehe in die Knie, um ihn von unten möglichst gut in meine Linse zu bekommen. Dann ein Tusch. Und schon steht er da, auf seiner Bühne. Barfuss. Mit hochgekrempelten Jeans. Mit einem verwaschenen blauen Hemd. Das Mikrofon fast unsichtbar hinter dem dicken, vollen, brauen Haar versteckt. Udo, der Mann, den Millionen Frauen begehren. Ist es mein Udo von gestern, der da steht, die Arme ausbreitet, als würde er alle im Saal am liebsten sofort in sein Bett einladen? Er schaut in meine Kamera und lächelt. Jetzt drück schon ab! Ja, er ist es. Wie viele Frauen in dieser Halle denken wohl nun ähnlich wie ich? Wie viele teilen wohl mit ihm diesen Augenblick? Und ich nutze die drei Lieder, während denen ich fotografieren kann. Ich jage Film um Film durch die Kamera. Am Ende habe ich über 300 Bilder geschossen, habe zehn Minuten im Leben des Pianisten Udo Jürgens festgehalten.

Und bereits übermorgen werden drei oder vier meiner Bilder veröffentlicht. Mit meinem Text. Bis zur Pause hocke ich neben den Fotografen unterhalb der Bühne. Ich sehe, wie Udo schwitzt, sich immer wieder Gesicht und Hände mit einem weissen Handtuch abwischt. Ich sehe, wie er immer wieder an einem Glas Tee nippt, wie er alles gibt, was er zu bieten hat. Nein. Er gibt kein Konzert. Er veranstaltet eine Massenorgie. Mit ihm als unerreichbarem Mittelpunkt. Dann die Pause. Die Augen der jungen Teenies mit ihren Backstage-Pässen leuchten. Sie sind bereit für ihn. Sie würden jetzt auf der Stelle alles für ihn tun, alles, auch mit ihm schlafen. Auch wenn Hunderte zugucken würden. Ein eher scheues Mädchen wird von ihrer Mutter re-gelrecht hinter die Bühne gezerrt: «Komm, geh hin zu ihm. Zeig dich.»

Er beachtet sie nicht einmal. Ich schüttle den Kopf. Ich höre, wie die Mutter zu ihrem Mann sagt: «Konrad, sei nicht so spiessig. Es kann ihr doch nichts Besseres passieren, wenn Udo ihr die Unschuld nimmt.»

Ich traue meinen Ohren nicht. Die Unschuld nimmt! Wenn ich es selbst nicht gehört hätte, würde ich so was nicht glauben können. Lea und ich stehen inmitten der Champagner trinkenden Menge im Backstage-Restaurant. Udo hebt sein Glas und prostet laut allen zu: «Ich freue mich, dass ihr alle gekommen seid. Ich freue mich wirklich, dass ihr da seid. Doch jetzt muss ich mich auf den zweiten Akt vorbereiten.»

Sein Tournee-Manager zieht ihn durch die Menge. Mit verschwitztem Gesicht bleibt er vor mir stehen.

«Du warst super», sage ich und meine es auch so. Dann küsst er mich spontan auf den Mund, inmitten der vielen Leute.

Ich ignoriere die Blicke der anderen. Was geht es die anderen an, was zwischen uns läuft? Nichts. Verschwitzt renne ich zur Toilette, Lea hinter mir her.

«Bist du verliebt in ihn? Jetzt aber ehrlich, Anja.»

«Nein, und nochmals nein. Er macht mir Angst, Lea. Ich wollte ein Interview mit ihm, das habe ich gekriegt. Ich wollte nie mehr. Jetzt nimmt er einen Platz in meinem realen Leben ein. Und ich kann mich nicht dagegen wehren.»

«Andere nennen das Liebe.»

«Ich muss Abstand gewinnen, das sagt mir mein Gefühl. Verstehst du, Lea? Für ihn bin ich Tempi passati, eine Neue wartet bereits in den Startlöchern.»

«Anja, was habe ich dir gesagt, als wir zum ersten Mal von Udo nach Hause gefahren sind? Er nimmt die Frauen, wie er will. Ex und hopp. Auch du bist keine Ausnahme.»

Recht hat sie. Schon läutet es zum zweiten Akt. The show must go on. Udo in neuem Anzug steht frisch geduscht und topfit wieder auf den Brettern, die für ihn die Welt bedeuten. Nach einer Zugabe in seinem weissen Bademantel stehen nach dem Konzert die Fans Schlange. Sie warten immer wieder auf dasselbe: ein Autogramm, einen Händedruck von Udo, einen kurzen Augenblick mit ihm unter vielen Menschen.

Und die blutjungen Mädchen warten auf eine Umarmung, auf einen Kuss und auf ein Streicheln.

«Ciao, ich ruf dich an.»

Die Erste geht.

«Ciao, ich ruf dich an.»

Die Zweite geht.

«Ciao, ich ruf dich an.»

Die Dritte geht.

Alle wollen Udo, sie zeigen es ihm in aller Öffentlichkeit mehr als nur deutlich. Das anschliessende Nachtessen mit ihm, zu dem Lea und ich eingeladen sind, sage ich still, aber bestimmt ab: «Nein, ich muss die Filme heute Nacht noch entwickeln lassen. Ich muss dann alles schreiben. Nein danke», richte ich Udo über seinen Pressesprecher aus.

Draussen, vor dem langsam still werdenden Hallenstadion, hole ich tief Luft. Und denke plötzlich an die 20 Franken, die mir doch heute Abend Jürgens zurückgeben wollte. Ach, Udo. Du und das liebe Geld. Wie sagte einst der bekannte Physiker Albert Einstein? «Die besten Dinge im Leben sind nicht die, die man für Geld bekommt.»

X

Natürlich fahre ich mit Lea an meiner Seite nach Stuttgart, wo Udo in der Schleyerhalle auftritt. Diesmal sind Lea und ich ganz privat da. Schliesslich hat uns Udo extra dafür eingeladen. Ich beobachte ihn etwas aus der Ferne. Wie er wieder eine nach der anderen begrüsst, sie küsst. Er behandelt alle gleich, alle gleich nett und charmant. Zwei von ihnen lädt er zum anschliessenden Nachtessen im Hotel ein. Andere Stadt – gleiches Verfahren.

«Das geht schon klar», meint die Mutter einer langbeinigen Nymphe. «Ich fahre eben inzwischen nach Hause. Meine Tochter wird mich anrufen, dann werde ich sie abholen.»

Udo lächelt, geht weiter, bleibt stehen. Er sieht mich in der Ecke stehen.

«Anja, schön, dass du gekommen bist. Hattest du eine gute Fahrt?»

Nein, nur keiner dieser sattsam bekannten Küsse jetzt, bitte nicht. Doch Udo sieht meinen Hilferuf nicht. Die Blicke der Mädchen sind auf uns gerichtet.

«Wie geht es dir?», fragt er.

Wenn ich das nur wüsste.

«Du kommst doch nachher auch, oder?»

«Zum Essen?»

Ich antworte nicht, schüttle den Kopf. Lea

steht wortlos neben mir.

Er küsst mich nochmals zum Abschied: «Natürlich kommst du. Bis später.»

Fünf Jahre jünger, alles wäre kein Problem. Dann würde ich mich ebenso aufmotzen und diesen typischen Jungfrauenblick aufsetzen. Doch ich kenne meinen Udo so langsam. Und ich bin Journalistin und Fotografin. Und kein Groupie. Und Fan bin ich schon gar keiner. Und trotzdem: Als Letzte betrete ich mit Lea das Restaurant, in dem für Udo speziell ein grosser Tisch bereit gemacht wurde. Da sitzt Udo mit einem halb Dutzend Mädchen, seinem Manager und dem Chauffeur. Ich traue meinen Augen nicht. Was ist denn das für eine Veranstaltung? Der Platz gegenüber von Udo ist leer. Neben ihm sitzt eine Schwarzhaarige, die ihm mit ihren langen, dunkelrot lackierten Krallen den Rücken krault. Ich schnappe Leas Arm und ziehe sie zum Ausgang.

«Lass uns hier sofort verschwinden!», flehe ich sie an.

«Entschuldigen Sie, gehören Sie auch zu der Gruppe Jürgens?» Ich sehe den freundlichen Oberkellner in seiner schneeweissen Schürze an und bringe kein Wort heraus. Er räuspert sich kurz.

«Scheint so», sage ich, während er mir

schon den Stuhl nach hinten schiebt, damit ich gegenüber Udo Platz nehmen kann. Udo lächelt. Aber er lächelt ja fast immer, wenn keine Fotografen in der Nähe sind. Udo nippt an seinem Bier. Eiskaltem Bier. Dabei hätte diesmal wirklich ein Weinglas besser zu Spargel gepasst. Ich stiere in meinem Teller herum, während Lea neben mir schon Kaffee bestellt hat. Immer wieder glotze ich Udo an. Dann die vielen jungen, hübschen Mädchen. Längst ahnt Udo meine Gedanken: In dieser Welt bin ich nicht zu Hause. Eine Nymphe nach der anderen marschiert zur Telefonkabine und ruft zu Hause an. Eine nach der anderen sagt «Ciao, Udo» und hofft, dass er sie zum Bleiben auffordert. Eine nach der anderen verschwindet, lässt sich ein Taxi rufen: Das Alter für den Führerschein hat keine von ihnen.

«Ciao, ich ruf dich an.»

Udos spult wieder seine Leier ab. Und alle, alle sind in ihn verliebt, würden die Nacht liebend gerne mit ihm verbringen, egal, was er von ihnen als erotische Turnübung verlangen würde. Und irgendeine wird bleiben.

«So, ich mach mich dann auch auf den Weg», erkläre ich ihm, nachdem ich den letzten Schluck Kaffee getrunken habe.

«Warte bitte, wir gehen auch gleich», fordert er mich auf. Lea grinst und kramt sich einen Kaugummi aus der Tasche.

Udo trägt sich mit voller Stolz ins Gästebuch ein. Die Rechnung lässt er von seinem Manager begleichen. Vor dem Restaurant verabschieden wir uns. Diskret warten seine Begleiter ein paar Meter entfernt.

«Bis dann, Udo», höre ich mich selbst sagen. Er hält mich fest in seinem Arm. Und ich spüre, dass es unsere letzte so innige Umarmung für lange sein wird. Auf der Autobahn fahren wir ein Stück hintereinander her. Er in seinem grossen Mercedes mit Fahrer und Manager. Ich und Lea in meinem zerbeulten Golf. Udo lässt zum Abschied nochmals alle Lichter blinken, hält die Hand hoch. Dann verschwinden wir in der Dunkelheit. In entgegengesetzte Richtungen.

Udos erstes Open-Air-Konzert in der Schweiz steht vor der Tür. Mit diesem Konzert soll ihm ein wahrer Geniestreich gelingen: Er engagiert für einen Abend das Frankfurter Symphonieorchester, dazu einen symphonischen Chor. Zusammen mit seiner eigenen Band ergibt das einen gewaltigen Sound. Damit wirklich alles stilgerecht abläuft, findet das Konzert in einem uralten Amphitheater im schweizerischen Windisch statt. Auch bei diesem Konzert habe ich einen

Sack voller Aufträge in der Tasche: Alle wollen meine Bilder, vor allem die Backstage-Fotos; auch Udo in seinem offenen Rolls-Royce kommt gut an. Denn langsam ahnen die findigen Zeitungsmacher, dass ich mehr als nur einen guten Draht zu Udo Jürgens haben muss.

«Na, wie geht es, Frau Nervenberg?», grinst mich mit zynischem Lächeln Johannes, der Freund von Jürgens, vor dem Konzert an.

«Was heisst hier Frau und was Nervenberg?»

«Wen ich mich nicht irre, steht vor mir eine Frau. Und wenn mich meine Blicke nicht angelogen haben, gehört diese Frau zur grossen, wunderbaren Damenriege von Meister Nervenberg.»

«Dass ich eine Frau bin, kann ich bestätigen», versuche ich den Angriff des Zynikers Johannes zu parieren. «Aber was soll das mit einem Nervenberg?»

«Na, wer bekommt immer Magenkrämpfe, wenn die Musiker auf die Bühne gehen? Und wer muss kotzen, bevor er das Mikrofon in die Hand nimmt? Wer trinkt noch schnell hinterm Bühnenvorhang ein grosses Glas Weisswein? Und wer ist nach dem Konzert der Grösste, vergleicht sich schnurstracks mit Frank Sinatra? Die Dame hat eine Minute Zeit, den richtigen Namen zu nennen.»

«Du meinst doch nicht etwa Udo.»

«Wen denn sonst? Oder kennst du unter der Sonne Mitteleuropas sonst einen Menschen, der vor einem Konzert kotzt und sich hinterher mit Sinatra vergleicht?»

«Nervenberg. Der Name passt wirklich recht gut zu Jürgens», gebe ich zu. «Aber was soll das mit der Damenriege?»

«Nun bitte keine Scherze: Du gehörst doch zu Jürgens festem Stamm in seiner Mädchenriege.»

«Sag mal», und ich stelle meine schwere Fototasche wütend auf den Boden. «Kannst du mir das mal in klaren und deutlichen, für mich völlig verständlichen Worten wiederholen?»

«Du bist doch mit Jürgens zusammen wie neben und mit dir, na, ich würde mal über den Daumen gepeilt rechnen: fünf andere.»

«Johannes. Du spinnst. Du hast nicht alle Tassen im Schrank.»

«Mein Gott, es ist doch nicht schlimm, mit Jürgens die Matte zu teilen.»

«Um es dir ein für alle Mal zu sagen: Ich hatte nichts mit Jürgens.»

«Nun ja, wenn du Liegen mit Anfassen als nichts bezeichnest, dann gratuliere ich dir hiermit und überreiche dir pro forma schon mal den Keuschheitspreis mit goldenem Brustband.»

«Johannes, du bist so was von doof. Du glaubst mir nicht. Stimmt's?»

«Nein. Ehrlich, ich glaube dir kein Wort.»

«Hat dir Udo was erzählt?»

«Hat er nicht. Und wenn, glaube ich ihm nur ein Viertel seiner wunderbaren Frauengeschichten. Würde ich alle für bare Münze nehmen, gäbe es zwischen Murmansk und Palermo nur mehr zwei, drei 16-Jährige, die er nicht flachgelegt hat. Und die müssen dann unter Garantie bucklig und abgrundtief hässlich sein. Der Rest, alle Klosterschülerinnen Europas eingeschlossen, träumt entweder von ihm, ist gerade auf dem Weg zu ihm oder wurde gestern Nacht in einer einmaligen Aktion befriedigt.»

«Johannes, du bist doch Udos Freund. Wie kannst du nur so zynisch über ihn reden ...»

«Gerade weil ich sein Freund bin. Vielleicht sogar sein einziger Freund. Einer, der ihm noch in ruhigen Stunden die Wahrheit sagen kann, ihm auch mal Bücher zum Lesen gibt und ihn nicht in der völligen Blödheit des Geldes versinken lässt. Schau dich doch um, mit wem er sich sonst umgibt: Geldhaie, die ihn sofort fallen lassen, wenn er nicht mehr volle Häuser, dicke Renditen und fette Gehälter garantiert.»

Wie ein Häufchen Elend lasse ich mich auf meine Fototasche fallen. Johannes hat recht. Aber gleich beginnt das Konzert. Ich muss mich sputen, um noch rechtzeitig den Fotograben zu erreichen. Als Udo nach einer halben Stunde aus der Garderobe tritt, blickt er lächelnd und genüsslich auf seine Fan-Gemeinde aus blonden, dunkelhaarigen und rothaarigen Nixen. Und alle hängen an seinen Lippen. Welche wird er wohl heute als Erste begrüssen? Und küssen? Wer wird die Favoritin des Abends? Die für die Nacht? Bei wem wird er länger stehen bleiben? Mit wem wird er sich gar unterhalten? Und wem wird er schnell seine Telefonnummer zuraunen: «Für später.»

«Sorry, du hast doch eine Kamera. Könntest du mal ein Foto von mir und Udo machen?»

Es ist die Rothaarige, die Udo schon seit Jahren anhimmelt. Sie muss ihm wohl in den letzten Wochen mehr als nur hautnah nähergekommen sein.

«Ich fotografiere dich mit ihm, aber nur, wenn Udo das will.»

Sie stöckelt mit ihren High Heels auf Udo zu, presst ihre nicht zu übersehende Oberweite fest an seinen Körper.

«Geht in Ordnung! Drück drauf», ruft sie

mir zu.

Und wieder habe ich Udo im Visier, sehe ihn porentief durch meine Linse. Udo spielt das Spiel perfekt: Wir beide kennen uns nicht. Ich gehe auf sein Spiel ein. Ich lasse ihn mit jeder plaudern, die ihm gerade über den Weg läuft. Ich weiss: Himmelt man ihn in der Öffentlichkeit nicht an, ist man tabu für ihn.

«Bitte jetzt keine Klein-Mädchen- und keine Klein-Bübchen-Spiele», sagt Johannes neben mir. «Geh einfach hin zu ihm, sag Hallo. Damit deine und seine Welt wieder in Ordnung kommt.»

Ich gehe fünf Schritte auf ihn zu, strecke ihm beide Arme entgegen.

«Hallo», sagt er kurz, winkt über meinen Kopf hinweg jemandem zu.

«Anja, du bist immer nur geschäftlich hier, das nervt mich total», faucht mich Udo an und hört mein «Ja» nicht mehr. Er steuert schnurstracks noch einmal in seine Garderobe zurück.

«Ärger?», fragt Johannes.

«Er will, dass ich ihn als Star verehre. Aber Udo ist mir als Mensch, als Mann wichtig. Nicht als Sänger oder sonst was.»

«Als ob das bei Udo einen Unterschied macht, Anja. Er ist ein Star, wenn er aufsteht, isst, schwimmt, liebt, Musik macht, ins Bett geht. Er ist 24 Stunden nichts als ein Star. Das solltest du langsam begreifen.»

Nachdenklich blicke ich Johannes an. «Ich wäre so gerne für ihn da, Johannes. Auch später, wenn er alt ist.»

«Anja, glaube mir. Du würdest zugrunde gehen. Udo wird als alter Mann einsam und alleine sterben.»

Ja, bei Udo bin ich nur eine unter vielen. Udo kann sich immer hinter seinen Liedern verstecken. Udo ist oft kalt. Er ist ein Mann, der sich mit Massagen, Managern und immer jüngeren Freundinnen mühsam sein einsames Ego zurechtzimmert. Und als Millionär mich um 20 Franken unterm Tisch anbettelt. Udo nimmt nichts locker. Er nimmt sich immer ernst. Udo will stets im Mittelpunkt stehen. Udo trinkt heimlich und schämt sich nie. Udo raucht heimlich und weint nie. Udo läuft keiner Frau jemals nach. Sagt er. Udo. Aber kann er wirklich lieben?

XI

Während ich daran arbeite, meine Verzagtheit abzutragen und mich aus dem Kreisel zwischen Egoismus und Selbstmitleid zu befreien, düse ich nach seinen aufbauenden Worten beim letzten Telefongespräch kurzentschlossen mit meinem alten Golf nach Zürich zu Udo.

In seinem Wohnzimmer brennt noch Licht. Mit zitternden Händen drücke ich seinen Klingelknopf. Ich warte, ich drücke nochmals. Verdammt, ist er denn nicht zu Hause?

«Wer ist da?»

«Ich bin's, Anja.»

«Was für 'ne Anja? Ich kenne viele Anjas.»

«Udo, ich bin's doch.»

Dann öffnet sich endlich die Tür und ich steige in den Lift nach oben. Udo steht mit zerzaustem Haar und unrasiertem Gesicht, nur in Jeans bekleidet und mit nacktem Oberkörper vor mir. Und legt gleich los:

«Hast du eigentlich nicht mehr alle Tassen im Hirn? Bist du völlig meschugge? Meinst du eigentlich, ich sei Meier oder Müller, bei dem du einfach so klingeln kannst? Was glaubst du eigentlich, wer ich bin? Zudem habe ich gerade ein Radio-Interview am Telefon gegeben und du störst mich mit deinem Klingeln mitten in dieser Live-Sendung.»

«Ich wollte nicht stören. Tut mir leid, Udo.»

«Okay, also dann. Ich habe keine Zeit für irgendwelchen Pipifax. Ich muss mich jetzt anziehen und später will ich mir den ‹Eurovision Song Contest› im Fernsehen ansehen.»

Ohne mir «Ciao» zu sagen, knallt Udo seine Wohnungstür hinter sich zu. Ich stehe wie ein begossener Pudel da, sinke kraftlos auf die Treppe und kann meine Tränen nicht mehr unterdrücken. Udo Jürgens. Der Mann mit den 1000 Gesichtern. Der Mann, dem ich vertraut habe, hat mich rausgeschmissen. Langsam fahre ich mit meinem Auto nach Hause. Udo denkt nicht im Traum dran, sich bei mir zu entschuldigen. Mein Telefon bleibt stumm. Wie sagte Johannes damals so schön? «Er ist ein Star, wenn er aufsteht, isst, schwimmt, liebt, Musik macht, ins Bett geht. Er ist 24 Stunden nichts als ein Star.»

Ein paar Tage später flattert ein Brief von Udo bei mir rein. Ein von Hand geschriebener. Darin befindet sich eine Zweihundertfranken-Note. Udo schreibt, dass er vor Jahren vergessen habe, mir das Geld von Interlaken zurückzugeben. Er hat sich an die 20 Franken erinnert, die ich ihm heimlich unter dem Tisch rüberschieben musste. Ich kann es nicht fassen. Ich bedanke mich dafür bei ihm kurz, aber höflich in einer SMS.

Es vergehen Monate, bis mich spätabends Udo mal wieder anruft. Er klingt ernst und fragt mich, wie es mir geht. Wie soll es mir schon gehen? Es würde ihm leid tun, sagt er, dass er mich so abserviert habe. Aber er sei eben nicht alleine und auf weibliche Überraschungsbesuche nicht vorbereitet gewesen. Als Entschuldigung will er mir ein Interview geben, das exklusiver nicht sein kann: Er will tatsächlich mit mir über seine uneheliche Tochter Gloria aus Wien sprechen. Ich bin baff. Ist es nur ein Vorwand, um mich zu treffen, oder will er sich tatsächlich meinem Mikrofon anvertrauen? Ich kann es noch nicht so recht glauben und fahre mit gemischten Gefühlen nach Zürich. Die Wohnungstür im Corso-Haus steht leicht offen, ich klopfe. Udo ruft mir zu, ich solle reinkommen, er sei noch im Bad. Ich setze mich auf die Bank im hinteren Teil der Wohnung, dort, wo die offene Küche ist. Schon kommt er mir entgegen und umarmt mich freundschaftlich.

«Möchtest du einen Espresso, Anja?»

«Gerne.»

Während die letzten Tropfen Kaffee aus der Maschine tröpfeln, greift Udo in den Kühlschrank und drückt mir einen halben Liter UHT-Milch in die Hand.

«Kannst du bitte die Milch öffnen, ich bringe diese Dinger nie auf.»

Udo wirkt unsicher. Belastet ihn die Situation mit seiner unehelichen Tochter Gloria so sehr? Wir setzen uns an den Tisch, auf den die Mittagssonne durch die grosse Fensterfront scheint.

«Udo, wie geht es dir?», beginne ich das Gespräch.

«Wenn die Geschichte mit Wien nicht wäre, würde es mir ganz gut gehen. Aber diese Presseberichte bringen mich an den Rand der Verzweiflung. Aber das nur nebenbei. Nun fangen wir an ...»

«In Ordnung, Udo. Du bist seit deiner Scheidung von Panja offiziell allein. Könntest du dir vorstellen, nochmals zu heiraten?»

«Darüber spreche ich nicht. Lass mich bloss in Ruhe mit dieser Fragerei über mich und meine Heiratsabsichten. Sonst unterbrechen wir das Interview in diesem Augenblick und gehen zusammen ins Bett. Da haben wir beide mehr davon.»

Sprachlos sitze ich da, stoppe mein Aufnahmegerät, glotze ihn vorwurfsvoll an. Was ist denn in ihn gefahren?

«Anja! Ich spreche nicht über eine Liebesbeziehung. In dem Moment, in dem man sie ausplaudert, ist der Zauber der Erinnerung entmystifiziert. Das muss ich dir doch nicht erklären. Ob und wann ich nochmals heiraten werde, geht niemanden was an. Alle wollen mir unter die Bettdecke schauen, die ‹BILD›, die ‹Bunte› und all diese anderen Klatsch- und Tratsch-Schreiberlinge, und nun nervst du mich auch noch damit.»

«Aber wir wollten doch ...»

«Was interessiert mich, was ich gestern gesagt habe. Konrad Adenauer hat es auf den Punkt gebracht: Was interessiert mich der Schwachsinn, den ich gestern gesagt habe. Ich halte es genau wie er.»

Dann lacht er, als sei alles in Ordnung. Udo macht es mir nicht einfach. Was ist bloss mit ihm los? Er setzt sich seine Sonnenbrille auf, weil ihn, wie er sagt, das Sonnenlicht stört.

«Udo, warum willst du dein Kind nicht sehen?», stelle ich mutig eine weitere Frage.

«Wer sagt denn, dass ich es nicht sehen will? Das ist doch absoluter Unsinn! Natürlich will ich meine jüngste Tochter sehen, und ich stehe auch zu allen Verpflichtungen. Ich will mich nur nicht gerichtlich dazu zwingen lassen. Das ist alles, Anja! Mir wird in der Presse so viel unterstellt, was nicht stimmt, damit muss ich leben, das ist schlimm genug. Mit Boris Becker bin ich gut bekannt, befreundet wäre zu viel gesagt, aber da wird sogar geschrieben, dass Boris Becker gesagt hätte, ich wäre ein Rabenvater. Ich bin mir absolut sicher, dass er das nie und nimmer gesagt hat.»

Dann nimmt er seine Sonnenbrille wieder von seiner grossen Nase und schaut mich an. Ich blicke in seine braunen Augen und weiss: Jetzt schüttet er gleich sein Herz vor mir aus. Seine grenzenlose Ehrlichkeit über seine vergangenen Amouren mit Sabrina aus Wien oder mit Jenny, der ehemaligen Heide-Königin: Sie seien nur Momente des Lebens, niemals könne man das Glück länger als einen Augenblick geschenkt bekommen. Das sei ein Naturgesetz, sagt Udo. Ach, so ist das. Wenn Udo ins Philosophieren gerät, vergesse ich Zeit und Raum. Udo, der Phantast des Lebens, der sich gegen Selbstkritik durch immer neue, jüngere Frauen schützt, fragt mich, ob ich noch neue Fotos von ihm brauche. Ja, ein neues wäre ganz nett, und ich stelle ihn kurzentschlossen neben die alte Jukebox, die in der Ecke steht. Nach ein paar weiteren, belanglosen Fragen über seine Kinder- und Jugendjahre ist unser Interview beendet. Er drückt mir die neue CD und die neuen Tourneedaten in die Hand. Dann will er nicht mehr arbeiten, sondern sich mit mir Kaffee und Kuchen bei seinem befreundeten Kaffeehausbetreiber gönnen. Natürlich muss ich ihm noch versprechen, dass ich kein Wort über Gloria schreibe, sonst würde er wieder mit seinem Manager in Clinch geraten.

Wieder vergehen Monate, Monate ohne Udo. Ich lerne Gregor kennen, einen kaufmännischen Angestellten. Über Nacht sind wir ein Paar. Das normale Leben hat mich eingeholt, mit einem Alltag, der so viel spannender sein soll als das Leben im Schatten eines berühmten Stars. Mit Gregor erlebe ich all das, was ich mit Udo nie erleben konnte: Wir gehen wandern im Berner Oberland, wir kochen zusammen, fahren spontan für einen Kaffee quer durch die Schweiz, sind glücklich und wollen heiraten. Mit Gregor findet mich das Leben. Wir verbringen ein Wochenende in Interlaken, weil ich wie so oft am Samstag beruflich eine Musikveranstaltung besuchen muss. Nach getaner Arbeit gehen wir noch auf einen Schlummertrunk in die edle Bar des Hotels «Victoria Jungfrau». Die Bar ist rappelvoll, der Pianist spielt mehr schlecht als recht «Pour Elise» von Beethoven. Endlich finden wir ein Tischchen in der Ecke. Ich lasse mich müde auf das schwarz-weisse Sofa plumpsen. Gregor bestellt uns zwei Bitter Lemon ohne Eis und zieht mich näher zu sich. Während ich in seinen Armen meine Seele baumeln lasse, schweift mein Blick über die – wie ich finde – wunderbar stilvolle Bar. Da

127

traue ich meinen Augen nicht: Dort sitzt Udo gemütlich mit einer Frau. Ich kneife Gregor am Arm und frage ihn, ob ich eine Brille brauche. Er lacht. Es ist tatsächlich Udo, der mir in dem Moment fröhlich zuwinkt. Schon kommt er auf uns zu.

«Udo, was machst du denn hier?», frage ich ihn verblüfft.

«Darf ich?», fragt er uns und deutet auf unseren Tisch. Schon rückt er mich ein Stück zu Gregor rüber und zwängt sich neben mich auf das Sofa.

«Ich bin ein paar Tage mit meiner Co-Autorin hier. Frau S. und ich schreiben zusammen meine Familien-Saga.»

Frau S. blickt kurz zu uns rüber, nickt freundlich lächelnd mit dem Kopf. Udo schnappt sich meine Zigarettenschachtel und nimmt sich eine Zigarette raus. Er greift auf dem Tischchen nach den Streichhölzern, zündet die Zigarette an und bläst den ersten Rauch zur Decke hoch. Ich frage mich, ob er wohl in der gleichen Suite mit ihr übernachtet wie mit mir. Damals war die Welt noch jung, summe ich in Gedanken vor mich hin. Ich lache. Gregor und Udo starren mich fragend an.

«Warum lachst du?», fragt mich Gregor.

«Weil ich happy bin», antworte ich und

umarme ihn. Udo macht einen ausgeglichenen Eindruck. Selten habe ich ihn so in Balance erlebt wie heute. Er erzählt von seinem Buch «Der Mann mit dem Fagott», das ihn persönlich stark herausfordere, damit stehe er aber seiner Familie durch die Russland-Reisen emotional noch viel näher. Bald, so sagt er, gebe er auch Buchlesungen, die ihn bestimmt auch in meine Heimat führen würden. Nach einer Zigarettenlänge will Udo – wie er sagt – nicht länger stören und verabschiedet sich höflich mit drei Wangenküsschen von mir. Als ich mit Gregor zu unserem Hotel fahre, fragt er mich, ob die beiden wohl ein Verhältnis hätten.

«Gregor, woher soll ich das wissen?»

«Ihr Frauen habt doch dafür ein Gefühl.»

«Ob das immer der Wahrheit entspricht?»

Wieder vergehen Monate. Monate, in denen ich nicht mal mehr an Udo denke. Längst wohnt er in einer schönen Villa im zürcherischen Zumikon, direkt am Waldrand. Mit einer Doppelgarage, mit viel Platz. Irgendwann, es ist Mitte Sommer, ruft mich Udo an. Er fragt mich, ob ich in seinem neuen Zuhause einige Bilder schiessen möchte. Natürlich will ich. Nur zwei Tage später, weil Udo schon bald wieder nach Berlin reisen muss, fahre ich das schmale Strässchen hoch und freue mich, dass Udo nicht vergessen hat, mir vorher das grosse Tor vor seiner Einfahrt zu öffnen. Ich parke meinen neuen Toyota, den ich endlich gegen meinen klapprigen Golf austauschen konnte, vor seiner Doppelgarage, atme die warme Sommerluft, die mir entgegenkommt. Wie ich es doch liebe, den Sommer einzuatmen. Schnell und ohne Spiegel streiche ich mir noch die Lippen mit rosa Lipgloss nach und will mir meine Fototasche aus dem Kofferraum holen. Schon kommt er auf mich zu: In beigefarbener Jeans und dunkelbraunem Hemd, die Sonnenbrille hängt cool an seinem Violinschlüssel-Goldkettchen.

«Hattest du eine gute Fahrt?», fragt er mich und küsst mich zur Begrüssung direkt auf den Mund.

«Ja, danke, Udo. Danke für die Einladung!»

Kurz wische ich ihm die Lippenstiftfarbe auf seinen Lippen mit meinen Fingern wieder weg, was er aber gar nicht mag.

Durch den Garten gelangen wir ins Haus. Wir sind ganz alleine. Seine zweite Ehefrau Corinna und auch seine Haushälterin sind nicht da. Udo scheint irgendwie in seinem neuen Heim angekommen zu sein. Als ich ihn bitte, für die Fotos ein paar Hemden zu wechseln, verschwindet er kurz. Ich setze mich raus in den Garten, um das herrliche

Sommerwetter zu geniessen. Das Thermometer zeigt 30 Grad an.

«Anja, das blaue Hemd, das dir so gefällt, hat Corinna gerade in die Wäsche getan. Passt dir das karierte auch?»

Klar passt es mir auch. Und schon stelle ich Udo in verschiedene Posen an die Harfe, die kunstvoll in seinem Garten aufgestellt ist. Udo braucht immer eine Weile, bis er völlig entspannt in die Kameralinse schaut. So schiesse ich über 1000 Fotos von ihm, in verschiedenen Outfits, vor verschiedenen Kulissen. Auch seinen Bentley Continental fährt er extra vor die Garage, steht lässig vor das wunderschöne, extra für ihn angefertigte Cabrio.

«Wollen wir eine Tour machen, Anja?», fragt er mich, während er sich auf den Fahrersitz niederlässt.

Udo überrascht mich immer wieder, und ich lächle ihn an. «Später, Udo. Jetzt ist das Licht für die Fotos gerade zu schön!»

Ich will jetzt erst einmal meine Fotos im Kasten haben. Und zwar wirklich gute. Es ist immer eine Gratwanderung, zwischen privatem Udo und Kunstperson zu unterscheiden.

Nach fast einer Stunde Fotoshooting hat Udo aber definitiv genug. Er holt zwei Tassen Kaffee aus der Küche, setzt sich müde auf die

Gartenbank neben mich und bittet mich, meine Kamera jetzt wegzulegen.

«Anja, ist das nicht herrlich, so ein warmer Sommertag in dieser idyllischen Ruhe?» Wie entspannt er doch wirkt. Udo, der Geniesser, wäre jetzt ein Foto wert. Nur leider habe ich jetzt die Kamera schon in der Fototasche verstaut. Vögel zwitschern am wolkenlosen, blauen Himmel. Wir sitzen wortlos nebeneinander. Es ist wieder so, als ob die Zeit stehen bleibt, und ich geniesse den Augenblick in vollen Zügen. Bis irgendwann der Hund des Nachbarn unsere Idylle brutal stört. Sein Gebell nimmt kein Ende und raubt Udo fast den letzten Nerv. Auf einmal steht er auf, geht mit schnellem Schritt zur Gartenhecke vor und schreit voller Inbrunst zum Nachbarn runter: «Aaaalptraum!»

Ich beginne laut zu lachen.

«Weisst du, die sind ganz nett, diese Nachbarn. Die waren mal hier zum Essen. Aber diese Hunde! Die sind einfach schrecklich.»

Was ihm hier fehle, sei der Blick auf den Zürichsee, erzählt er mir weiter, nachdem die Nachbarn ihre Hunde endlich nach drinnen geholt haben. Trotzdem sehe er sein neues Zuhause als Neuanfang seiner zweiten Ehe. Natürlich habe ich ihn längst gefragt, warum er diese Ehe nicht öffentlich mache.

«Anja, sag mir, warum ich das tun muss? Wer bestimmt das? Das macht mich so was von aggressiv, dass man uns Künstlern unsere eigene Privatsphäre nicht gönnt. Zudem hat mich nie jemand von der Presse nach meiner Beziehung zu Corinna gefragt. Wirklich niemand. Nicht mal die ‹Bunte›.»

«Ich schon.»

Da ist wieder sein ernster Blick, der meine Augen wie ein Spion durchleuchtet. Heute will ich ihn nicht herausfordern. Zu schön ist der Tag. Ich schweige, so wie Udo auch. Für einen kurzen Steckbrief will ich noch seine eigenen Lieblingslieder, seine Lieblingsbücher und Lieblingssänger wissen. Sein eigenes Lieblingslied fällt ihm schwer zu nennen, es fallen ihm doch einige ein, unter anderem «Ich weiss, was ich will», ja, das möge er doch sehr, doch letztlich lässt er mich wählen, welches ich im nächsten Artikel erwähnen möchte, und ich entscheide mich für «Champagner regnet vom Himmel». Damit könne er auch gut leben, sagt Udo. Norah Jones hört er gerade, diese Jazzige. Die findet er gut, und den Schriftsteller Bernhard Schlink verehrt er. «Der Vorleser» sei ein herrliches Buch, findet er. Dann fragt er mich, ob ich noch ein Stück Kuchen wolle. Ich schüttle den Kopf. Ich bin schon spät dran, und abends stehe ich nicht gerne auf der Autobahn im Stau, zudem will ich auch Gregor nicht unnötig warten lassen.

«Aber du versprichst mir, dass wir das nächste Mal um den Zürichsee fahren?», fragt mich Udo.

«Ich verspreche es dir, Udo. Nur heute, da drängt die Zeit.»

«Dann lasse ich dich gehen und werde jetzt den Rasen mähen. Weisst du, das mache ich hin und wieder mal ganz gerne selbst.»

Als ich heimfahre, freue ich mich, dass wir wieder einen guten Draht zueinander haben.

XII

Einige Wochen später erhalte ich von Udo einen erneuten Anruf. Ob ich nach Zürich kommen könne, er müsse dringend mit mir reden. Was hat er denn so Wichtiges? Wir treffen uns nachmittags im Restaurant «Du Théâtre» in der Nähe des Bellevues in der Stadt. Es regnet in Strömen und ich kämpfe mich vom Parkhaus durch den Regen zu der kleinen, gemütlichen Bar. Udo sitzt schon da, nicht am Fenster, etwas weiter hinten an einem kleinen Zweiertischchen.

«Anja, ich habe mir Gedanken gemacht.»

«Ja. Worüber?»

«Über dein Vorhaben, ein Buch über mich zu schreiben.»

Als wir im luzernischen Brunnen im Seehotel Waldstätterhof darüber sprachen, hatte er mir klar gesagt, wie wütend ich ihn mit einem Buch über Udo Jürgens machen würde. Deshalb habe ich das Projekt längst ad acta gelegt. Ich bin verblüfft, als ich ihn höre, wie er fortfährt:

«Anja, tue es. Mach es. Du bist eine gute, intelligente Journalistin. Das, was ich von dir kenne, schreibst du gut. Schreib das Buch. Aber stell mich bitte nicht als Arschloch hin.»

«Das warst du doch nie für mich, Udo, das weisst du.»

Über unsere Gefühle füreinander haben wir selten gesprochen. Während ich im Stillen über die Liebe und über die Gefühle zwischen uns sinniere, bestellt er noch zwei Espresso für uns.

«Ich schreibe das Buch also.»

«Ja. Wenn du magst, treffen wir uns ab und zu, damit wir das Projekt mit Gesprächen unterstreichen können. Auch wenn ich mit der Musical-Planung und mit der Verfilmung meines eigenen Buches so gut wie keine Zeit habe. Du weisst ja, was alles gerade bei mir los ist. Aber irgendwie kriegen wir's schon hin.»

«Das ist eine herrliche Idee, Udo. Danke!»

«Aber bitte schreibe keine Chronologie, Anja. Das tun intelligente Menschen nicht», rät er mir. Dann lächelt er mich an und bezahlt.Während wir ein Stück in Richtung Corso-Haus laufen, fällt Udo ein, dass er seinen Regenschirm im Restaurant vergessen hat. Ich solle hier auf ihn warten. Mit grossen Schritten läuft er nochmals zurück. Hat er mir jetzt wirklich gerade grünes Licht für mein eigenes Buch über Udo Jürgens gegeben? Für meine Reise durch mein Leben auf Papier im Schatten des Grandseigneurs der deutschen Musikwelt? Ich kann es kaum fassen. Er lächelt siegessicher, als ich mit ihm vor dem Eingang des Corso-Hauses stehe. Als er den Schlüssel dreht, weiss ich, dass er sich gleich umdrehen wird und mir im Türbogen den Vortritt gewährt. Ich bleibe kurz stehen. Ich war Gregor nie untreu und will es auch nicht werden. Dann kommt mir die österreichische Schriftstellerin Marie von Ebner-Eschenbach in den Sinn. Sie hat mich mit ihren psychologischen Erzählungen schon immer fasziniert. Und was würde sie wohl jetzt sagen? «Zwischen Können und Tun liegt ein Meer und auf seinem Grunde gar oft die gescheiterte Willenskraft.»

Anfangs Januar, kurz nach Mitternacht, sehe ich eine Nachricht auf meiner Handy-Mailbox. Es ist Udo. Seine Stimme zittert, als ich seine Nachricht abhöre: «Anja, ich sitze am Sterbebett meines Bruders John. Leider kann ich dich nicht erreichen. Bitte verstehe und akzeptiere aber, dass dies hier keine Pressenachricht, sondern privat für dich bestimmt ist. Ich melde mich wieder.»

Es fühlt sich irreal an, was Udo da sagt. Wie schön, denke ich mir, dass mir Udo ein Stück weit vertraut. Dennoch bin ich traurig über diese Nachricht, obwohl ich John, seinem Bruder, nie begegnet bin.

Udo ist wieder auf Tournee. Natürlich lädt er mich zu seinen Konzerten ein. Das Zürcher

Konzert habe ich mir über all die Jahre nie entgehen lassen. Es war schliesslich immer wie eine grosse Familien-Sause. An Ostern wünscht er mir frohe Ostern und lässt mich wissen, dass er nach Portugal fahre und mich im Sommer treffen wolle. Während ich längst vermute, dass Udo in einer neuen Beziehung lebt, verstrickt er sich in unseren Gesprächen immer häufiger in Widersprüche. Natürlich möge er sie, meint er bei einem unserer nächsten Treffen am Zürichsee. Doch immer wieder betont er, dass die Beziehung rein kollegial sei. Wie gern hätte ich ihm das geglaubt. Irgendwann im Herbst bringt die «Bunte» ein grosses Interview mit Udos zweiter Ehefrau Corinna. Sie spricht darin von der Trennung von Udo. Ich rufe Udo – es ist mitten in der Nacht – an. Seine Stimme klingt verheult, er spricht so leise, dass ich ihn kaum verstehe.

«Anja, ich wusste nichts von diesem Interview. Und Anja, ich wusste auch nichts von einer Trennung. Ich bin traurig. Ich muss mit Corinna sprechen. Ich kann das alles überhaupt nicht verstehen.»

Udo klingt verzweifelt. Dass die Trennung nun ein öffentliches Thema ist, stört ihn gewaltig. Ich erinnere mich, wie Udo und ich bei einem unserer letzten Treffen bei ihm zu

Hause in Zumikon von Corinna überrascht wurden: Sie klingelte an der Haustür und bat mich, mein Auto vor der Garage wegzustellen. Es war eine skurrile Situation, wie ich durch den Garten zu meinem Auto geeilt bin und Udo, der mich begleitete, dabei aus Versehen sein Schlüsselbund ins Biotop fiel. Meine Güte, wie nervös Udo da war! Einige Wochen nach der offiziellen Trennung von Udo und Corinna erzählt mir ein enger Freund, dass Udo schon eine Ewigkeit mit einer neuen Partnerin verbandelt sei. Sie hätte Udo einer rigorosen Gehirnwäsche unterzogen und er spricht sogar davon, dass sie ihn «verhext» habe. Ich bekomme eine Lachanfall. Udo kann man doch nicht verhexen! Und dennoch: Bei unserem nächsten Telefongespräch kommt es dann auch zum Streit:

«Udo! Du hast schon lange eine neue Freundin. Du bist mit Michaela zusammen.»

Es herrscht Stille.

«Ja. Na und?»

«Bist du von ihr abhängig, Udo? Liebst du sie?»

Jetzt schreit er förmlich: «Liebe, Liebe, Liebe! Anja, du mit deinen ewigen Fragen! Übrigens mal was anderes: Ich wollte es dir schon beim letzten Mal sagen: Du bist ein hässliches, fettes Weib geworden!»

Mit offenem Mund lasse ich mich auf meine Couch niederfallen, drücke unser Gespräch weg und schmeisse mein Handy in eine Ecke. Stundenlang weine ich vor mich hin, höre laut «Strong enough» von Cher in Endlosschlaufe und sehe, wie Udo immer wieder versucht, mich anzurufen. Jetzt ist es zu spät. Ein hässliches, fettes Weib. Ein hässliches, fettes Weib. Immer wieder höre ich seinen Satz in meinen Ohren. Ich kann nicht mehr mit ihm reden. Für einige Tage verschwinde ich in mein «Heidiland», ziehe mich in ein Chalet vor der Kulisse des Eigers in den Berner Alpen zurück. Hier vernichte ich alles, was mich mit Udo je verbunden hat: Fotos zerstückele ich in kleine Fetzen und werfe sie in die Lütschine, den wilden Bergbach. CDs und DVDs aus zwei Jahrzehnten, lege ich auf eine Parkbank in Interlaken. Am anderen Tag ist nichts mehr da. Habe ich mich nun von Udo verabschiedet? Auf jeden Fall fühle ich mich befreit. Lange Spaziergänge tun mir gut. Doch seine Worte bleiben im Kopf hängen.

Udo geht wieder auf Tournee: Während er durch Deutschland reist und allabendlich Tausende von Fans beglückt, hinterlässt er mir Dutzende von Nachrichten auf meiner Mailbox. Immer wieder möchte er mit mir reden, sogar nachts um drei, wenn er ins Hotelzimmer zurückkehrt, meldet er sich. Er erzählt mir auf der Mailbox etwas von Autogrammstunden nach den Konzerten, die ihn «so was von aufregen». Meine Mailbox quillt über, und wenn Udo die drei begrenzten Minuten einer Nachricht nicht reichen, ruft er gleich wieder an und fängt von Neuem an zu erzählen. Natürlich weiss ich, wie Udo ist. Wie emotional er reagiert und er böse Worte sofort wieder bereut. Dennoch. Sein letzter Spruch hat mich doch arg mitgenommen.

Aus der Stadt Hof erreicht mich einer seiner letzten Anrufe mitten in der Nacht. Schlaftrunken nehme ich ihn entgegen, und wir reden die halbe Nacht zusammen. Zuerst spricht er über ein Giganten-Konzert vor 10000 Zuschauern in Köln, von einem tiefgründigen Presseartikel über ihn in der ‹Süddeutschen Zeitung›, der ihn total gefreut habe. Endlich beschäftige sich auch die seriöse Presse mit ihm, sagt er stolz. Vor ein paar Tagen habe er mit seiner Tochter Jenny bis früh in die Morgenstunden gefeiert.

«Anja, du musst nicht denken, dass ich jede Nacht mit einer anderen Frau verbringe.»

«Ich denke das doch gar nicht, Udo. Du bist ja mit Michaela zusammen und wohl treu geworden.»

Udo überhört meine Worte und fährt fort:

«Das musst du dir mal vorstellen, Anja: Beim Vorkonzert in Heilbronn, da bin ich von Sicherheitsleuten wie ein Staatsmann beschützt worden. Da sind ganze Heerschaften von verrückten Fans angereist. Ich wurde von diesen Fanatikern völlig abgeschirmt – das ist eben ‹der ganz normale Wahnsinn› meines Lebens.»

Dann, irgendwann, lassen wir alles Revue passieren, das, was zwischen uns war, wie wir uns in Bern kennengelernt haben, in dieser uralten Garderobe des Berner Kursaals, dort, wo er vor knapp tausend Leuten auftrat und das Gefühl hatte, in seinem Wohnzimmer ein Konzert zu geben. Wir lachen. Ich danke ihm, dass er mich von der Schülerin zur Journalistin machte. Dass ich oft traurig war wegen ihm, das tue ihm fürchterlich leid.

»Anja, ich weiss, wie aufbrausend ich sein kann. Aber ich meine es doch nicht so. Das weisst du. Ich bin kein Mann, der einer Frau immer nur was vorsäuselt. Ich hab nun mal die Stimme eines Mannes, und die ist eben manchmal laut, und ich sage schon mal Dinge, die unüberlegt sind. Bei uns in Österreich ist das Wort «Weib» nicht abwertend gemeint. Glaube mir das bitte! Warum glaubst du mir denn das nicht, Anja? Warum? Bitte glaube mir doch!»

Sein Flehen treibt mir Tränen in die Augen.

«Anja! Du hast keinen Grund, traurig zu sein. Du stehst zu alledem auf der Sonnenseite des Lebens. Wenn du dich selbst erkennst, wird dir das Leben zu Füssen liegen.»

Ein weiser Spruch, so banal schön und kompliziert zugleich, denke ich mir. Wenn du dich selbst erkennst ...

«Das klingt wie ein Abschied, Udo ...»

«Ach woher!»

Endlich kann ich ihm sagen, welche grosse Angst ich habe, ihn durch den Tod zu verlieren – trotz des Bewusstseins, dass es keine Garantie auf Unsterblichkeit gibt.

«Anja, ich habe jetzt noch nicht vor, zu sterben. Im Sommer sehen wir uns wieder. Wenn es denn auch unbedingt sein muss, gehen wir an den Rumensee, da wolltest du ja mit mir schon lange mal hin. Aber nicht an einem Wochenende. Da sind zu viele Leute, die alle was von mir wollen.»

«Du hast den Rumensee nicht vergessen?»

«Natürlich nicht.»

Ich liebe diesen Weiher mit seinen wunderschönen Schwertlilien, Seerosen und seinem romantischen Panoramaweg. Udo liegt wie ich im Bett, er im Hotelbett in Hof, ich zu Hause im verschlafenen Nest am Jurasüdfuss. Einen Sommer wird es nie mehr geben.

Kursaal Bern (Schweiz) im Dezember 2014

Ganz alleine sitze ich da. Auf dem alten Holzstuhl, an dem noch viel älteren Holztisch. Ich erinnere mich gut: Hier begann im Jahr 1990 meine Reise durch mein Leben im Schatten von Udo Jürgens. Und hier endet sie im Dezember 2014. Udo Jürgens ist tot. Obwohl er mir versprochen hat, noch lange nicht zu sterben. Sein Tod ist für mich die unwirklichste Botschaft zeit meines Lebens. So viele Fragen sind im Kopf. Warum nur, warum? Die Zeit, nein, die heilt keine Wunden. Die Trauer, sie wird bleiben. Doch ich tröste mich: Udos Seele lebt. Sie schwebte durch das offene Fenster der Intensivstation des Spitals im schweizerischen Münsterlingen in die Freiheit.